云南社科普及系列丛书
云南省社会科学界联合会资助出版

红河学院优秀著作出版资助

袁爱莉　著

哈尼族传统服饰图案艺术及制作方法解读

HANIZU
CHUANTONGFUSHI
TUANYISHU JI
ZHIZUOFANGFA JIEDU

民族出版社

前言 preface

哈尼族是一个具有悠久历史、丰富文化的云南省独有的少数民族。虽然哈尼族服饰的色彩和纹样别具一格，但是年轻的哈尼族人日常已经基本不穿戴本民族传统服饰，只在节庆日或婚嫁时才穿戴。此外，近年来，年轻的哈尼族人纷纷外出务工，他们接触到现代生活方式和新的审美理念，其着装习惯发生了很大的变化，很多人已经不知道本民族传统服饰图案的样式有哪些、叫什么名字、其象征意义是什么、服饰图案和民间传说故事有什么联系、服饰图案的制作方法是怎样的，这些知识离年轻的哈尼族人越来越远了。即便中老年哈尼族妇女还在穿戴传统民族服饰，但是其制作工艺已日趋简化，正在蜕变和消失，精美的手工刺绣、手工纺织的布料、制作精美的银制品已不常见。因此，伴随着传统民族审美心理和价值体系的逐步瓦解，人们对传统服饰文化的认识和了解越来越少，掌握服饰制作工艺的人就更少了，哈尼族传统服饰图案艺术及制作方法面临着失传的严重危机。

哈尼族传统服饰作为哈尼族传统文化的重要组成部分，已经不仅是一种取暖遮羞的物品，更是哈尼族信仰、审美意识以及社会角色的体现，反映了哈尼族的历史和意识形态，是哈尼族历史文化智慧的结晶。哈尼族传统服饰有着一系列完整的手工艺制作方法，从棉麻的纺织到刺绣、布贴工艺再到银饰工艺等均为手工工艺。在科技飞速发展、机器代替人工制作的今天，这些原始的手工艺无疑是一笔珍贵的民族财富。它们无不体现出哈尼族的勤劳与智慧，以及他们对劳动、对生活的热爱。

优秀的民族文化只有普及传播开来，才能更好地保护与传承。有鉴于此，我们试图通过收集、整理、挖掘哈尼族民间珍贵的传统服饰图案，利用影像资料和普通读物的推广，以数字化的形式把它们保护下来，进而普及、传播哈尼族传统服饰的相关知识，让更多的人了解哈尼族传统服饰的文化内涵以及制作工艺，以此促进哈尼族传统服饰文化的保护与传承。

此外，哈尼族服饰文化主体的保护意识的加强也是一项不容忽视的工作，只有增强主体的保护意识，认识到保护哈尼族传统服饰文化的重要性，增强其民族自信心、文化自豪感和民族文化复兴意识，让其知道、会说、会制作才是最好的传承与保护的方法。

综上所述，本书编写的目的在于通过图文并茂的方式，用浅显易懂的文字介绍哈尼族传统服饰图案艺术和制作工艺，让年轻的哈尼族人了解本民族服饰文化，让旅游者了解哈尼族服饰文化，同时通过对哈尼族民族服饰文化知识的普及和传播，推动哈尼族民族服饰文化的传承与保护，让哈尼族民族服饰文化在经济社会发展中充分发挥作用。

本书共分八章。第一章是哈尼族历史概述，对哈尼族的族源、迁徙、人口、分布和称谓以及语言与文化进行了简要的概述。第二章是哈尼族服饰的特点，介绍了哈尼族服饰的特点、几个支系重要的服饰和哈尼族服饰的发展脉络。第三章是哈尼族服饰图案的题材、内容、分类及寓意，对哈尼族服饰图案的题材、内容、构成与寓意进行了解读。第四章是哈尼族服饰图案的色彩运用特征，解读了哈尼族服饰色彩的主要特征，哈尼族部分支系服饰色彩的运用，哈尼族服饰图案色彩的运用方法。第五章是哈尼族服饰图案的制作方法，梳理了哈尼族传统的织布、靛染工艺、刺绣、布贴工艺、钉花边工艺、扣绊工艺、银泡工艺、编织工艺等技法。第六章是哈尼族服饰图案与民间传说故事，讲述了来源于哈尼族神话传说和民间故事的部分图案的故事。第七章是哈尼族服饰图案的审美特点分析，从艺术审美角度分析了哈尼族服饰的审美内涵。第八章是哈尼族服饰图案艺术欣赏，呈现给读者精美的哈尼族服饰图案，包括哈尼族传统服饰中常见的图案、作者带领学生手工绘制的图案以及电脑绘制的图案。

本书的特点是整体框架简洁概括、文字浅显易懂、图片珍贵精美，不足之处是对哈尼族服饰图案艺术及其制作工艺的研究还不够深入、细致、全面，有待于进一步深入研究，还有许多需要完善的地方，还望得到读者的批评和指正。

袁爱莉

2020 年 10 月

目 录 / catalog

目 录 / catalog　2

第一章　哈尼族概述

一、人口与分布

哈尼族是云南省独有的 15 个少数民族之一。2020 年第七次全国人口普查数据显示，云南省哈尼族有 166 万余人。

从自然地理的角度观察，哈尼族主要分布于滇南的哀牢山区和无量山区，即元江水系的元江流域、藤条江流域、李仙江流域和澜沧江水系的澜沧江流域。这一分布区域约在北纬 21°—26°、东经 99°—104°。海拔约在 1000—2000 米，气候适宜，雨量充沛，土壤肥沃，适于以稻谷为主的多种农作物生长。从地理分布区域来看，云南省哈尼族主要分布在红河哈尼族彝族自治州、普洱市、玉溪市和西双版纳傣族自治州等地，其中墨江哈尼族自治县、元江哈尼族彝族傣族自治县、红河县、元阳县、绿春县、金平苗族瑶族傣族自治县、江城哈尼族彝族自治县、宁洱哈尼族彝族自治县八个县是哈尼族人口最集中的区域。

二、族源与迁徙

哈尼族有悠久的历史，与彝、纳西、拉祜等民族同源于古代氐羌族群。据汉文史籍记载，氐羌族群最早游牧于青海、甘肃、西藏地区，公元前 3 世纪，秦国开展了大规模征服邻近部落的活动。于是，原居住在青海、甘肃、西藏地区的氐羌部落族群中出现了众多的羌人名号，散居各地，其中有一部分逐渐往南流迁，散布到川西南、滇西北、滇北、滇东北广大地区，这一部分南迁的氐羌系统的部落族群，就是近代汉藏语系藏缅语族各兄弟民族的祖先。[①]

在不断向南迁徙的过程中，哈尼族逐渐由游牧生产转变为农耕生产。春秋末期，曾经在洱海北岸短暂停留。战国中期，到达滇池北岸与古滇主要族群之一濮人一同生活近两百年。西汉中期，与滇人争战，战败南迁到红河流域，聚居在滇南的“两山三江”地区，即哀牢山、无量山、元江（红河）、

① 参见毛佑全：《哈尼族奔车人的历史与文化》，1 页，北京，中国文史出版社，2006。

李仙江、澜沧江流域地区。据哈尼族最集中的哀牢山区墨江、红河、元阳、绿春一带的普遍传说，其先民早前游牧于遥远的北方一条江边的“努美阿玛”平原，后逐渐向南迁徙，中途曾一度在名叫“谷哈”的湖滨平原停留过，然后分别南下至景东、新平（西部）、镇沅、景谷和建水、石屏、蒙自，继而至元江、墨江、红河、元江、江城及西双版纳等地。①

三、语言与称谓

哈尼族有自己的语言，属汉藏语系藏缅语族彝语支，与彝语、拉祜语、傈僳语、纳西语、基诺语相近，表明他们之间有着密切的历史渊源关系。哈尼语又分为哈雅、豪白、碧卡三种方言，方言之内又有十多种土语。②哈雅方言主要分布在红河哈尼族彝族自治州、西双版纳傣族自治州以及澜沧拉祜族自治县。豪白方言主要分布在墨江哈尼族自治县、元江哈尼族彝族自治县、普洱哈尼族彝族自治县。碧卡方言主要分布在墨江哈尼族自治县、江城哈尼族彝族自治县、镇沅彝族哈尼族拉祜族自治县，自称哈尼和雅尼的说哈雅方言，自称豪尼和白宏的说豪白方言，自称碧约和卡多的说碧卡方言，方言之间差别较大。③

由于长期在封闭的哀牢山、无量山一带生存活动，加之山河相隔，哈尼族内部形成了若干复杂的称谓，有哈尼、爱尼、雅尼、和尼、碧约、卡多、豪尼、白宏、阿木、峨努、多尼、切第、阿松等十余种自称，还有他称的有糯比、糯美、各和、昂倮、弈车、腊咪、哈欧、果觉等称谓，尽管历史上哈尼族称谓诸多，但是其中以自称“哈尼”的人数最多。自称“哈尼”的居住在红河哈尼族彝族自治州，自称“爱尼”的居住在西双版纳和澜沧，自称“碧约”“卡多”的居住在思茅和元江等地。同一称谓或支系一般居住在一定的区域。中华人民共和国成立后，根据本民族大多数人的意见，以人数最多的自称“哈尼”为本民族统一的名称。④

四、民间信仰与节日

哈尼族民间信仰的主要内容是原始的万物有灵，主要包括动物崇拜、自然崇拜、神灵崇拜和祖先崇拜。哈尼族往往把节庆与祭祀融为一体，而祭祀又与农事活动密切相关。

一年之中，哈尼族的主要节庆有“换龙巴门”（即寨门，神圣不可侵犯），“黄饭节”，“别我捏”，

① 参见《哈尼族简史》编写组、《哈尼族简史》修订本编写组编：《哈尼族简史》，18 页，北京，民族出版社，2008。

② 参见上书，4 页。

③ 参见上书，118 页。

④ 参见上书，4 页。

"卡耶"，"苦扎扎"，"尝新节"，"十月节"，与之对应的是耕作、插秧、谷子打苞、求丰收、杀牛祭祖、驱逐虫兽、引谷魂回家、稻谷归仓等，寓意多为风调雨顺、丰收满满之意。

五、服饰、饮食与民居

哈尼族的服饰具有鲜明的特征，他们喜欢用靛蓝浸染自己织的土布做衣服，服饰颜色以黑色或深蓝色为主。男子服装一般多为短衣、长裤、对襟黑褂、包头，服装样式基本一致。女子服饰则较复杂，地区差别较大，不同支系不同地区所穿戴的服饰都不尽相同。妇女服饰基本样式是右襟圆领上衣，下穿裤子或裙子、外披坎肩、腰系绣花围腰、脚打挑花绑腿，在衣服的肩部、衣襟的前后、袖口、裤脚、绑腿上绣花装饰。从整体造型上来看，哈尼族女子传统服饰可分为宽松型和短小紧身型两种。从着装的不同，还可以分为长衣长裙型、短衣短裤型、短衣长裤型、长衣长裤型等几种。从头饰的不同，又可分为帽子和包头两种。妇女未婚和已婚，在服饰上有显著的区别。

因居住地大多寒冷潮湿，哈尼族的饮食习惯主要以辛辣为主，这也在一定程度上达到了驱寒除湿的目的。哈尼族用餐喜欢用"蘸水"，蘸水根据不同菜肴有所不同，但基本原料包括苤菜根、大蒜、薄荷、芫荽、香椿、韭菜、香茅草、刺芫荽、小米辣等。

哈尼族在饮食习惯上大多以大米、玉米、荞麦等为主食，逢年过节吃糯米饭和粑粑，还喜欢吃生蒸饭，常做米线、卷粉和豌豆凉粉等。哈尼族人擅长利用各种野生动植物腌制咸菜、烹制肉类。此外，炸竹虫、拌菜花、焐干巴、炒芭蕉花、石蹦炖蛋等菜也独具风味。焖锅酒是哈尼族自家酿制的好酒，每逢贵客到来，必以此酒招待。纯正的焖锅酒色微黄，口感舒适，酒性适中，香醇甜美。

在哈尼族的饮食文化中，"长街宴"非常有特色。按照哈尼族古老的历法，每年农历十月第一个龙日为新年的第一天。在这天，一个个哈尼族居住的村寨都要在村寨中心摆上长长的酒宴，全村同乐，轮流喝酒，共庆象征他们团结和睦、吉祥幸福的节日。

从建筑形式来看，哈尼族传统民居主要有土掌房、蘑菇房和封火楼。蘑菇房是哈尼族最常见的文化底蕴深厚的建筑，融入了哈尼先人的勤劳与智慧，在我国民居文化中独树一帜。在以前，滇南红河、元阳等地的哈尼族的民居大多是蘑菇房，具有良好的保温散热性能。土掌房由四坡屋面的草顶与土墙土顶组合而成。在干旱少雨的高寒山区和河谷地带，哈尼族为适应当地的居住环境，因地制宜建立起木结构的人字形双斜面屋架，并在屋架上铺盖茅草。这种土掌房主体与双斜面草顶合一的建筑，就是人们常说的封火楼。

哈尼族建房有诸多礼仪。首先，选址一般要在朝阳、开阔的山梁或半山腰，还要有茂密的森林、充足的水源，以备日后垦殖梯田。其次，由祭司通过立海贝、立寨桩、堆谷子或驱鬼的"丈克勒"仪式等测定寨心，划分人鬼分界线。

元阳县哈尼梯田景观｜娄世民　供图

六、哈尼梯田与文化艺术

红河哈尼梯田是哈尼族人民千百年来创造的农耕文明奇观。其规模宏伟，气势磅礴，绵延整个红河南岸的元阳、红河、绿春、金平等县，其中，仅元阳县就拥有哈尼梯田面积 17 万余亩。哈尼族先民用辛勤的劳动和非凡的智慧在哀牢山区开山劈岭，艰苦创业，创造了巧夺天工的梯田文化。

哀牢山山脚河谷炎热，山腰半山区温和，山头高山区寒冷，梯田普遍分布于半山腰以下，半山腰以上为大森林。山脚河水受热蒸发凝聚为云雾及雨水，降水通过森林的过滤、贮藏，汇聚为常年流淌的溪瀑，形成“山有多高，水有多高”的灌溉条件。哈尼族利用这一优势，自山顶开挖水沟，引水入

元阳县哈尼梯田景观 | 娄世民　供图

渠，灌溉梯田，田水层层向下回归江河，形成一个良性循环的生态系统。

2013 年，第 37 届世界遗产大会将中国红河哈尼梯田文化景观列入《世界遗产名录》，红河哈尼梯田成为中国第 31 项世界文化遗产。

梯田与哈尼族的生活紧密相连，在他们的民居、服饰、饮食、生产、节庆、婚丧、语言、文学艺术、信仰崇拜、价值观念、伦理道德等方面无不带有梯田农耕的烙印。[1]

① 以下内容参见《哈尼族简史》编写组、《哈尼族简史》修订本编写组编：《哈尼族简史》，113-145 页，北京，民族出版社，2008。

元阳县哈尼梯田景观｜娄世民　供图

哈尼族的文学是口头文学，主要通过世代口耳相传保存下来。哈尼族口头文学主要有史诗、神话、传说、故事、叙事长诗、迁徙史诗、歌谣、谚语、谜语等。其中，《十二奴局》是哈尼族的创世史诗，是长期流传于哈尼族人民中的一部口头文学作品。这些体裁丰富的口头文学作品，多方面反映了哈尼人民的生产和生活，具有浓厚的生活气息和民族特色。

哈尼族的民歌形式多样，按民歌演唱的内容形式来划分，可以分为节日歌、祝贺、祭祀、哭丧、诉苦、史诗、叙事、习俗、情歌、儿歌、生产调等类型。若按照音乐曲调和演唱场合来划分，可以分为哈巴、阿茨、阿迷三大类。

哈尼族舞蹈最具有代表性、流传较广的有乐作舞、扇子舞、芒鼓舞、木雀舞、碗舞、竹筒舞、“阿迷车”、“莫撮撮”等。

哈尼族的工艺美术主要表现在靛染、刺绣、编织、银器等制作工艺。哈尼族人用当地生长的植物板蓝根靛染土布，染布方法具有本民族特色；刺绣针法多种多样，有平绣、锁绣、套绣、编绣、挑花、包梗绣、龙鳞绣、线结绣、综合绣等；而银饰品在服装上的大量使用是哈尼族服饰的另一个引人注目的特点。

第二章　哈尼族服饰特点及发展脉络

一、哈尼族服饰的特点

哈尼族服饰是哈尼族文化的重要载体，有着深厚的精神底蕴和文化内涵。

（一）不同的哈尼族支系有不同的服饰特征

哈尼族传统服饰具有本民族鲜明的特色，与其他民族服饰有着明显的区别。哈尼族历史上没有形成全民族统一的服饰，不同的支系有不同的服饰特征，即使是相同的支系也会因其生活环境的不同而

元江县哈尼族糯比支系女子服饰｜袁爱莉　摄

形成迥然有异的服饰特征，不同的生活环境和不同的支系造就了形态各异、复杂多样的哈尼族服饰。

总的来说，哈尼族男子服饰大体一致，差异不是很大，一般多为短衣、长裤、对襟黑褂、包头。哈尼族男子服饰与哈尼族男子的性格特征十分相符，他们粗犷、豪放的性格，决定了他们崇尚黑色，服饰样式简约、实用。男子帽饰特别庄重，但他们一般不戴帽饰，只在参加重大祭祀活动或祭拜祖宗神位时才会戴。与男子服饰相比，哈尼族女子服饰保留传统服饰特征较为完整，最能体现本民族特色。哈尼族女子服饰样式较多，异彩纷呈，不同支系不同地区，甚至是不同自称的哈尼族女子所穿戴的服饰都不尽相同。从服装款式造型而言，哈尼族女子服饰可分为长衣长裙、短衣短裤、短衣长裤、长衣长裤等类型。从哈尼族女子服饰穿戴中，便可以辨认出她们所属的支系和她们的年龄及婚姻等状况，有着很强的可识别性。

（二）哈尼族服饰具有以黑色为主的色彩风格

哈尼族崇尚黑色，日常生活装、节日盛装乃至丧服、婚礼装都以黑色为主。一般哈尼族老年人的服饰大多是以黑色为主色调，这也许是因为民族信仰的影响，也许是受到了只有蓝靛草这一染料的条件制约。年轻人的服饰虽然色彩斑斓，但是仍然多是以黑色为底，再配以其他颜色作为装饰。以黑色为主的服饰色彩风格，反映出哈尼族以黑色为美的审美取向。

（三）哈尼族服饰记录和传递着古老的民族文化

哈尼族是一个没有文字的民族，哈尼族的口传文化很发达，具有悠久的历史。哈尼族传统图形充当了无声的文字，表达了哈尼族祖先的感情，凝聚着哈尼族祖先的思想。① 在漫长的历史发展中，哈尼族服饰作为民族发展的重要组成部分，既见证了哈尼族的物质文化与精神文化的丰富发展，又反映了本民族的自然环境与社会习俗。

哈尼人用一针一线绣出了本民族上千年的文化习俗，并将它穿戴在身上，直观地展现了多样化的历史文化信息，其中包括了民间信仰的历史神话、祖先的迁移足迹、生存环境的地域特征、传统民族服饰中对女性的仪表要求等信息。哈尼族服饰堪称鲜活的文化艺术作品，其款式、色彩、配饰、刺绣图案等，无不渗透了哈尼人的情感追求和价值取向。

哈尼族服饰文化类型繁多、体系庞大、底蕴深厚，凝聚着哈尼族千百年来的心血和智慧，展现了哈尼族卓越的创造才能。

---

① 参见向鹏:《哈尼族传统图形传承研究》，7 页，昆明，云南艺术学院硕士学位论文，2013。

元江县哈尼族糯美支系女子以黑色或蓝黑色为主的服饰 | 袁爱莉　摄

红河县哈尼族奕车支系女子传统服饰｜袁爱莉 摄

（四）哈尼族服饰是其崇尚自然的表现

哈尼族服饰不仅是其生活环境的缩影，还是其崇尚自然的表现。从种棉、纺纱、织布的全流程，就诠释了哈尼族大量采用自然材料制作服饰的特色。哈尼族喜欢把他们生活的自然环境中的事物形象作为其服饰的装饰图案。三角纹、梯形纹和直条纹图案的运用在哈尼族服饰中比较常见，这些形象就是和他们生活的梯田环境息息相关的象征梯田的几何纹样，此外还有花草图案、动物图案、民俗图案等都是大自然中的形象的反映。例如太阳、树木、花草、小溪、河流、动物等图案都是哈尼族对所居住的环境的一种真实的写照。这些自然的形象运用到哈尼族服饰中，更多地体现出勤劳、朴实的哈尼族对养育自己的大自然的深深热爱之情。他们居于高山，就与高山融为一体，用大山的自然物体形象装饰服饰。

金平县哈尼族哈备支系以旋涡纹纹样为主的少女服饰｜杨六金　供图

元阳县哈尼族腊咪支系领褂上有太阳、月亮图案的女子服饰｜袁爱莉 摄

（五）哈尼族服饰中的民间信仰因素

哈尼族内部支系众多，服饰多样，穿的是历史，戴的是神话。哈尼族认为天地、日月星辰和山川河流等万物都有神灵，太阳是哈尼族自然崇拜中最主要的神灵。哈尼族在农耕活动中衍生的民间祭祀活动主要有二月“红石天”、插秧前“换龙巴门”、五月“裁谷年”、谷穗扬花时“卡耶”、谷子将熟时“尼波尼”等。因而，在哈尼族女子服饰中经常出现太阳和月亮的图案，她们之所以在衣服上装饰月亮和太阳的图案，是为了以此来祈求其保佑。

（六）哈尼族服饰中梯田文化的因素

哈尼族是一个开垦梯田、种植稻谷的民族。哈尼梯田是人类传统农业史上的奇观，是哈尼族世世代代耕耘创造的一项珍贵的非物质文化遗产，梯田就是他们的生命。层层叠叠的梯田，不仅养育了一代又一代的哈尼人，同时，也为哈尼族服饰的产生提供了必不可少的条件。这个居住于大山深处的民族，其生产生活方式就是农耕，他们崇拜森林，长期在梯田里劳作，很自然地就对梯田产生了浓郁的感情。他们把梯田的图案进行了抽象、简化，最后演变成了三角纹、直条纹和方形纹等几何纹样，完美地体现了哈尼族的精神气韵和久远的民族文化。

绿春县哈尼族期弟支系领褂上用银泡镶嵌三角图案，象征层层叠叠的梯田的女子服饰｜李龙沙　供图

（七）哈尼族服饰象征着美好的祝福

我国的许多民族都喜欢用一些图案来象征吉祥或者是象征美好的祝福，哈尼族也不例外。绿春县的哈尼族有在腰带上以金鱼、蝴蝶分别和莲花等组合，形成鱼戏莲的图案和蝶恋花图案等，这些图案象征着男欢女爱；哈尼族卡多支系男女传情的媒介是卡多姑娘围腰上面绣的“约花”；建水县的哈尼族常在小孩帽子上绣一些花草、瓜果及动物的图案，以此来象征富贵、吉祥。这些有着美好寓意的哈尼族服饰图案，让人们感受到哈尼族积极地发现美、创造美和对美感的强烈追求。

（八）哈尼族服饰反映出哈尼族社会对女子服饰的公众礼仪要求

哈尼族妇女的服装和头饰在不同年龄阶段有不同的装束要求。哈尼族女子的一生，是布满人生礼仪的一生，从头到脚的装束都展现出人生伦理和社会道德。从服饰的伦理来看，至少有三次大的服饰的变更。未成年时是一种装束；成年到结婚未生育时是一种装束，这一时期是哈尼族女子爱美之心最强烈、穿戴最盛的时期；生育之后，穿戴和饰物逐步素雅起来，原有的色彩艳丽的服装穿旧之后，不再重新制作了，标志着一个女子青春时代的终结。哈尼族女子结婚生育后，成为人妻、人母，这是哈尼族女子人生角色的重大转变，生理和心理的重大变化使其对衣着的审美要求也发生重大变化。有的支系女子一旦婚后生育，就要把发辫藏于头帕下不外露；有的支系姑娘时代戴通顶半椭圆帽或银泡公鸡帽，结婚生育后改戴头帕和包头巾；有的支系女子婚后生育后，在后腰部加束一块“批秋”遮住臀部，一来表示已婚生育，二来以示对长者的尊重。[①] 少女和已婚女子服饰色彩差异较大。少女的头饰、衣袖和裤脚花边的绒线是鲜红色的，而已婚女子则采用深蓝色。按哈尼族传统，成年女性在公众场合必须佩带帽饰和臀部的佩饰，否则就不符合女子的公众社交礼仪。

① 参见黄绍文:《穿戴神话——哈尼族服饰艺术解读》，125 页，昆明，云南美术出版社，2010。

绿春县哈尼族哈欧支系青年女子服饰 | 袁爱莉　摄

红河县哈尼族哈尼支系中老年妇女服饰 | 袁爱莉　摄

金平苗族瑶族傣族自治县哈尼族糯比支系女子服饰｜何作庆　供图

二、哈尼族部分支系服饰介绍

（一）元阳县哈尼族糯比支系服饰

元阳县哈尼族糯比支系生活在海拔1500—1800米的地区，年均气温低于13摄氏度，冬暖夏凉，衣着特点为长衣长裤型。糯比支系女子上衣一般为两件装，内装为长袖衣，袖沿有纹样丰富的刺绣，外衣为由左肩向右衽斜襟的马夹，沿口有刺绣，有多排用银泡镶缀成宝塔状的三角形纹案，与两肩至腋下的银泡镶缀相吻合。裤子为黑色直筒裤，裤口有刺绣作装饰。服饰由头饰、斜襟衣、直筒大裆裤、坎肩、围腰、脚套组成。衣服颜色为黑底浅蓝色花纹，素雅庄重。在上衣领口、袖口以及后摆边沿绣饰花纹，绣饰的花纹有水车花、猫头鹰眼、直条纹、回纹等。坎肩装饰华丽，颜色鲜艳，缀满银泡，和衣服的素雅颜色形成对比。糯比支系女子比较注重银饰品的装饰，头部、前胸、腰部挂满银饰品。糯比支系女子头饰比较有特点，头上缠有两条粗大假发辫，辫子由头发与黑线编制而成，帽檐饰以银饰和毛线绒球。

元阳县哈尼族糯比支系女子头饰｜袁爱莉　摄

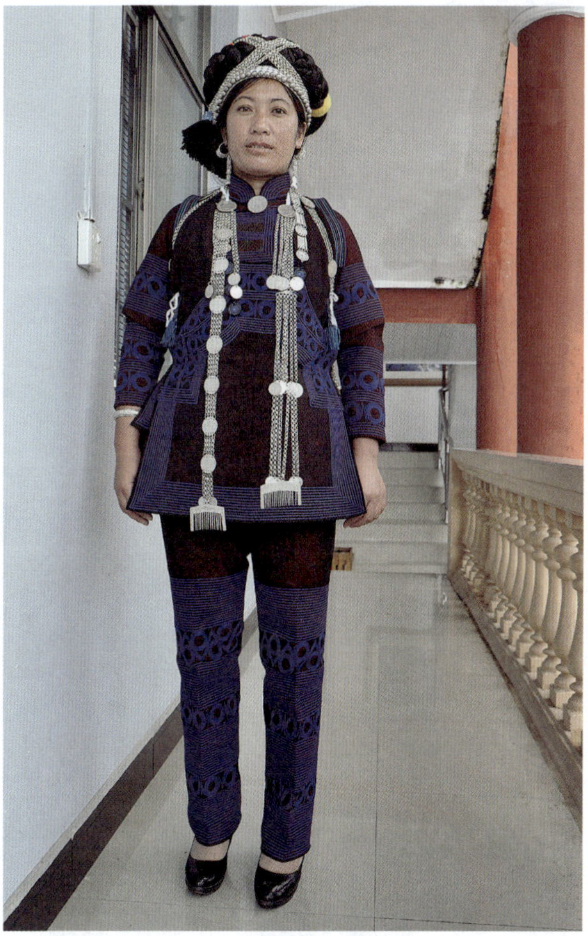

元阳县哈尼族糯比支系女子服饰｜袁爱莉　摄

（二）红河县哈尼族哈尼支系服饰

2020年第七次全国人口普查数据显示，红河县哈尼族人口有22万多人，占全县总人口的79.5%，是全国哈尼族人口最多的县份。因自称和互称或他称的不同，红河县有哈尼、果宏、腊咪、糯比、弈车、糯美、白宏、阿松八个支系，主要分布在阿扎河乡、石头寨乡、甲寅镇、宝华镇、洛恩乡、乐育镇。因分布区域的不同，哈尼族所穿戴的服饰有所差异。

红河县哈尼族哈尼支系女子服饰，上身内穿自制的白色或者蓝色内衣，外穿白色或者黑色无领斜襟右衽长衣，纽扣用银扣和布扣钉四处。第一处在脖子正下方的衣服上，第二处在右肩处，其余两处都在右边腋下处的衣服上。袖子为两层，最外层较宽大，小袖子可拆卸下来。下着黑色大裆裤。腰间佩戴布腰带，并在腰带的两端配上搭摆，搭摆的图案精美，色彩艳丽。

红河县哈尼族哈尼支系女子服饰的亮点是少女戴的公鸡帽，也就是银泡帽，因其形状如站立的公鸡而得名。当地哈尼族哈尼支系少女会把头发用彩色的毛巾包好，在发辫下打个结，再把钉满梅花银泡的公鸡帽戴在上边，显得亭亭玉立，造型感极强。

红河县哈尼族哈尼支系
少女服饰｜袁爱莉　摄

红河县哈尼族哈尼支系少女服饰｜袁爱莉　摄

墨江哈尼族自治县哈尼族碧约支系女子服饰｜李龙沙　供图

（三）墨江哈尼族自治县哈尼族碧约支系服饰

墨江哈尼族自治县哈尼族碧约支系生活在海拔1500—1700米的地区，常年气温在15摄氏度，冬暖夏凉，衣着特点为长衣长裙型。总体特点为衣长到大腿，长裙至脚后跟处。颜色以靛青色和白色为主，面料厚实。其变化多在头饰和腰部下垂的搭摆上，看起来稳重、宽松、素雅。

墨江哈尼族自治县哈尼族碧约支系女子以靛青色布包裹头部，青布从额头一直垂向后背，呈板瓦状，并有一排棉线垂于背部。上衣为长至大腿的白色宽松开襟，袖子为短款。襟口和袖口分别绣有山川、河流、花草、蝴蝶等纹样。里边着靛青色长袖右开襟衣服，纽扣用银币替代。围腰上的刺绣色彩艳丽，下穿黑色长筒褶裙。

哈尼族碧约支系以靛青色和白色为主的女子服饰 | 李龙沙　供图

（四）绿春县哈尼族哈欧支系服饰

绿春县哈欧支系女子头部包黑色头包，包头侧边绣有一块方形彩色图案，包头一端和图案一端各缀有一束红色彩穗，上衣分内外装，里外两件衣服相得益彰。内衣为斜襟右衽，紧身长袖遮臀衣，衣领及袖口一段装饰有多种精美图案。外衣为斜襟右衽，无领对襟半袖遮臀衣，腰间开衩，领口、衣襟、衣摆、腰间、袖口装饰有多种精美图案。里衣的立领和袖子上的装饰恰到好处地显露出来，里衣袖管上绣满一圈圈纹样，传统纹样组合为犬齿纹、三角纹、蕨纹的多重组合。下着黑色大裆裤，裤脚装饰有鲜艳的花草图案。整套服饰色彩鲜艳、庄重华贵。

绿春县哈尼族哈欧支系具有鲜明的特征，多用红黑色搭配的女子头饰 | 袁爱莉　摄

绿春县哈尼族哈欧支系用色鲜艳夺目的少女服饰｜李龙沙　摄

（五）红河县哈尼族弈车支系服饰

红河县哈尼族弈车支系女子服饰与其他支系女子服饰相比，特色更浓。下穿的短裤为黑色紧身款，大腿根部以下全部裸露在外，寒冷天气也不例外。弈车女子的外衣为靛青色对襟正摆短衣，无领圆口、袖长及肘而宽；衬衣无领、剪口，下摆圆如龟状，胸前左右两侧的斜襟交叉成剪口状。内衣是贴身对襟内褂，无扣圆领口。下身穿紧身贴体超短裤，短裤的剪裁十分讲究，一般都是女子根据自己的身材特点自行剪裁缝制，以能紧束臀部为好。其别致之处是在短裤的前边，呈现出“人字形”的七道褶子来。

红河县哈尼族弈车支系女子服饰｜袁爱莉　摄

红河县哈尼族奕车支系女子身着靛青色或黑色的短衣短裤，头戴白色尖角帽 | 袁爱莉　摄

（六）哈尼族阿卡支系服饰

阿卡支系是哈尼族人口较多的支系，分布于澜沧江—湄公河流域海拔 1300 米以下的亚热带地区，主要生活和居住在我国西双版纳傣族自治州、普洱市澜沧县、孟连县和泰国、老挝、缅甸。阿卡支系内部大致分为尖头阿卡和平头阿卡两大支，服饰类型总体来说属于短衣短裤型。

阿卡女子的服饰颜色多为黑色和靛青色，上衣为无领对襟无扣外衣，内搭刺绣花纹的胸衣，外衣的袖子部位多用红、白、蓝、黑、绿等颜色的布条拼缝成大小不同、长短不一的条形花纹装饰，长至臀部的后摆，在两端和在背部正下方有“V”形的剪口，形状犹如燕子尾巴。

阿卡支系女子特别重视对胸衣的装饰，一般用红、蓝、黄等颜色的布料拼接制作，盛装时，除用针线绣制各种图案花纹外，还要配上银泡、银牌、银链等多种装饰品。下身穿长至膝盖的黑色土布百褶裙，小腿戴绣制精美的护脚套，与短衣短裙相配，形成一个和谐的整体。护脚套用红、白、蓝、黄、绿等颜色的彩色布条拼接而成，并镶有银泡。阿卡女子的头饰主要以高高的竹片做装饰框架，用银币、银串、贝壳、彩珠串做装饰，制作工艺精致繁复。

阿卡女子服饰集贴花、刺绣、拼缝、滚边等多种工艺于一体，装饰的材料也多种多样，有彩色布条、五彩丝线、银饰、铝制品、钱币、羽毛、挑花刺绣等。

阿卡女子的头饰主要用高高的竹片做装饰框架，用银币、银串、贝壳、彩珠串做装饰，制作工艺精致繁复 | 黄绍文 供图

西双版纳傣族自治州哈尼族阿卡支系女子服饰 | 袁爱莉　摄

西双版纳傣族自治州哈尼族阿卡支系少女头饰装饰繁复，色彩鲜艳｜袁爱莉 摄

西双版纳傣族自治州哈尼族阿卡女子服饰集贴花、刺绣、拼缝、滚边等多种工艺于一体 | 黄绍文　供图

三、哈尼族服饰的发展脉络

哈尼族服饰经历过结草、剥树皮为衣的原始服装阶段，当时的人们以野草、树皮包裹身体，这种树叶、茅草、树皮是哈尼族先民的服饰雏形。

哈尼族女子服饰样式一般为姊妹装，上衣为小立领右衽长袖遮腰短衣，大多用盘扣，腰部微收，领口袖口绲边，少数在领口、襟边、袖口用拼镶装饰。这与满族的姊妹装很相似，这是清代满族服饰在云南边疆少数民族服饰中的一种影响和表现，传入哈尼族地区的满族服饰经过了“本地化”的改造，呈现出地域和民族的双重特色。①

明代以后，大批内地汉族军民到哈尼族地区屯田，带来先进的文化、商品意识和生产技术。随着内地市场和西部少数民族对普洱茶需求量的增大，藏、回、彝、白、纳西等民族马帮通过茶马古道进入产茶区。这些都对哈尼族服饰文化产生了影响，使哈尼族服饰款式逐渐增多，如头饰繁复，大量采用银片、银币、银泡和海贝等作装饰，大量采用挑花等各种工艺，两襟、袖口和裤脚镶彩色花边。

清康熙时，吴三桂统治云南期间，强制推行“剃发制”，即半剃半留，男子将颅前的头发全部剃光，只留颅后的头发，然后将头发编成辫子垂于脑后。此举激起了滇东南土司和地方势力的反抗。清王朝为维系边地稳定，采取安抚策略，对土司及其家眷进行册封，赐五品至八品顶戴花翎及满式常服。对有功的土司赐其眷为命妇，着凤冠霞帔，梳旗髻，着旗袍、马甲，对崇尚满服的给予奖励。这种“剃发易服”，数年后被红河南部哈尼族和其他民族所接受，男子剃发垂辫，着长袍加罩马甲，穿镶边大裆阔管裤；青年女子着低领镶花边、半袖间套绣花窄袖长袍，穿镶边大管裤。

从清康熙初期至新中国成立前近三百年时间里，大批汉族流官和农民进入哈尼族聚居区后，满族官服和汉族服饰对哈尼族服饰产生了不可忽视的影响。不仅汉族的部分服饰元素逐渐融入哈尼族服饰之中，加快了哈尼族服饰的演变速度，而且改穿汉族服饰的人越来越多。由于居住在高山和半山区，哈尼族原来的袍又宽又长，繁杂的穿戴已不适应山地劳作，便将前右摆拽后，露左前摆于腹部，再将长袍后摆往上褶至腰，用腰带紧固。为使腰带更美，镶绣自己喜爱的各种花卉图案，配上数吊芝麻银铃。半臂长袍适应不了山区生活环境，便套假袖劳作，久而久之女子们开始在假袖上镶绣花鸟图案或装钉银泡内接在半袖上，成为一件完好的上衣。袍式改良为巾，有的将袍裁短至膝，系绣花围腰。为防毒虫侵害，缠护腿为饰。

哈尼族服饰表现出既有突出的民族特征、又有文化多元性和兼容性，这正是哈尼族文化的特征。各民族在各自的生存环境和文化氛围中形成了自己的服饰文化，同时，在各种地理、社会和政治因素的影响下，各个民族的服饰以实用、美观为基础，相互取长补短、相互融合。因此，历史上民族交往交流交融的过程也是其服饰文化多样化发展的过程。在各民族文化交流中，哈尼族服饰自成一体，并不断吸取对本民族有用的其他民族装饰精华，充实、美化自己。在吸收借鉴的基础上，无论是服饰的

① 参见白永芳：《哈尼族服饰文化中的历史记忆——以云南省绿春县“窝拖布玛”为例》，72 页，昆明，云南人民出版社，2013。

款式和佩饰，还是服饰的种类，个性特征逐步显现，并逐渐趋于系统化，从而形成了哈尼族完整的服饰体系。

鸦片战争后，特别是1910年滇越铁路开通运营，国外的棉纱、棉布、洋布开始进入哈尼族地区。民国时期，哈尼族地区开办新型学校，一批汉族师生进入哈尼族地区，各民族经济交往更加密切，文化交流更加频繁，促进了哈尼族服饰的演变。

新中国成立后，以汉族为主的大批党政干部陆续调入哈尼族地区，哈尼族服饰又一次发生巨大的演变，它不再是外观形式的简单变革，而是从主体上发生了深刻的变化，即改穿汉族服饰的人越来越多，穿本民族传统服饰的人越来越少。

改革开放以来，随着哈尼族与外界的联系逐渐增多，各种款式、面料、色彩的现代时装纷纷进入哈尼族的日常生活。哈尼族地区大量的剩余劳动力流向经济发达地区、城市打工，同时经济发达地区、城市的商人纷纷前往哈尼族地区经商，形成了较大规模的族群互动格局，对哈尼族服饰的变迁产生了深远的影响。哈尼族不断受到其他民族文化的影响，现代化、流行化趋势凸现，哈尼族服饰的传统特色面临传承危机，哈尼族传统服饰逐渐陷入边缘化的困境。[①]

① 参见袁爱莉:《元阳梯田旅游民族服饰产品的保护与开发利用研究》，79—80页，昆明，云南人民出版社，2018。

第三章　哈尼族服饰图案的题材、内容、分类与寓意

一、哈尼族服饰图案的题材和内容

哈尼族服饰图案题材广泛，内涵丰富，既有对自然山水的描摹，也有对幸福生活的美好向往，同时还有对信仰崇拜的重要记录。其服饰图案的题材和内容主要有三个来源：第一，对自然环境的理解和表现。在哈尼族服饰中，能看到现实生活中的大量实物，如鱼、鸟、树、山等。这些现实生活中的动植物，大多以一种写意、夸张的形态出现，也有少量是以其自然形态出现在哈尼族服饰上的。第二，古代哈尼族的神话传说和民间故事。这一现象的背后，隐含着哈尼族人民对生命的深层欲求。他们渴求生命的无限延伸和对幸福的礼赞。哈尼族服饰图案之所以具有如此大的魅力，原因就在这里。第三，对外来文化的吸收。中华文明上下五千年，汉文化对少数民族文化，特别是西南少数民族文化有着深远的影响。哈尼族在对待接受汉文化的问题上，特别是清朝后期，表现出了博大的胸怀，如万字纹、云纹等的使用。

哈尼族服饰图案的样式按照题材划分，主要分为几何图案、花草图案、动物图案、民俗图案、吉祥图案五种。几何图案有直条纹、菱形纹、方形纹、波纹等。花草图案有玫瑰花、莲花、梅花、八角花等。动物图案有牛头、蝴蝶、蜜蜂、螃蟹、螺蛳、鱼、白鹇、猫头鹰眼、犬齿纹等。民俗图案有三角纹、折线纹、万字纹、旋涡纹、小草、树、树枝、树干、树尖等。吉祥图案有回纹、雷纹、云气纹等。

（一）几何图案

从哈尼族服饰现有的图案纹样上看，几何图案使用最广、数量最大，其应用范围遍布哈尼族的每一个支系。它是哈尼族日常生活的总结和抽象，具有一定的内容含义，表现出哈尼族的审美追求和审美取向。几何图案有直条纹、菱形纹、方形纹、波纹等。

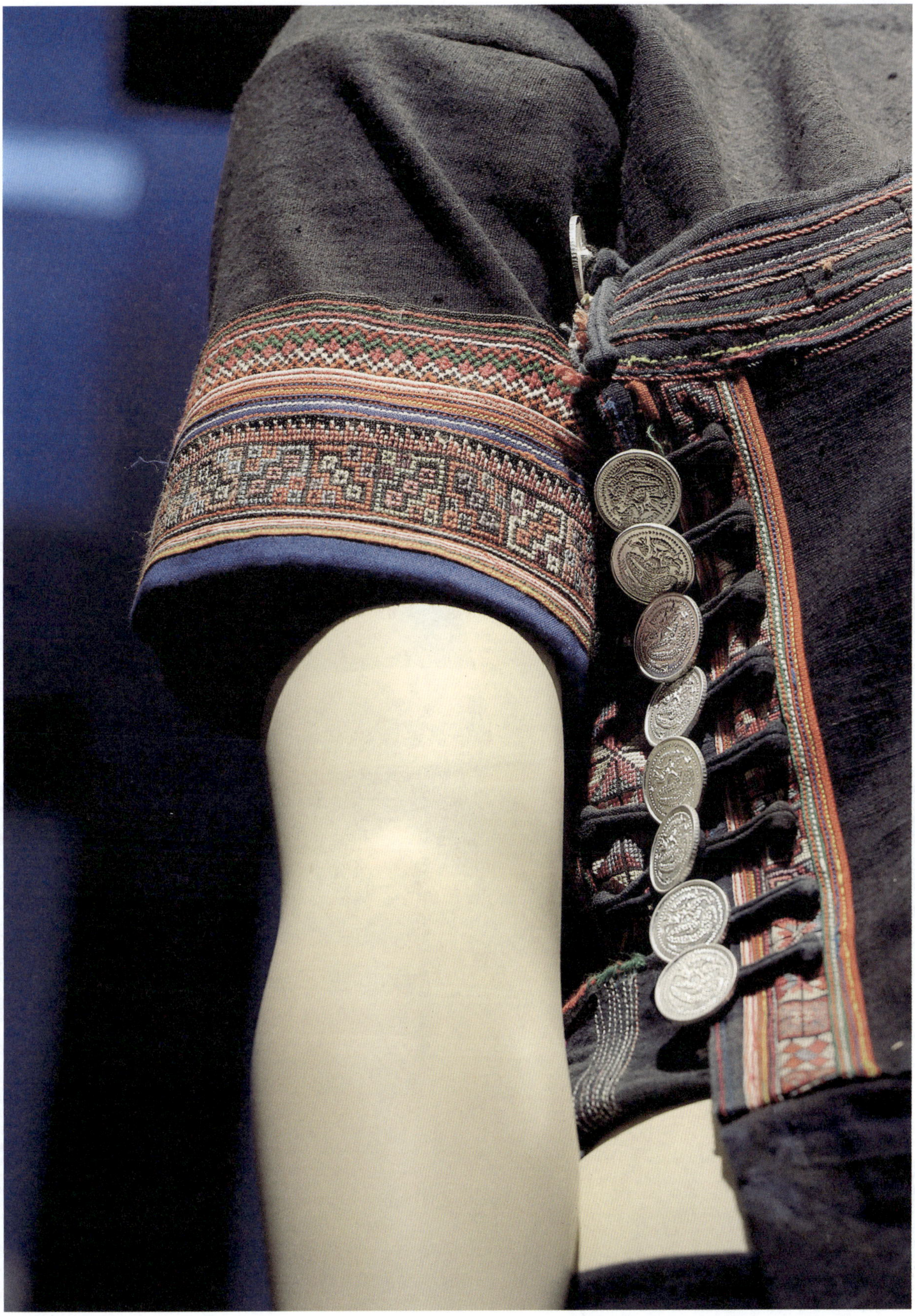

西双版纳傣族自治州哈尼族阿卡支系服装袖口上的几何图案 | 娄世民　摄

（二）花草图案

哈尼族服饰中有多种花草图案。由于哈尼族各个支系居住的自然环境不同，其服饰图案的制作工艺有所差异，因此，哈尼族服饰中花草的表现是丰富多彩的，呈现出鲜明的创作个性和地方特色。元江、墨江及绿春一带的哈尼族比较喜欢用花草图案。元江一带的哈尼族堕塔支系常把这类图案装饰在马甲的前摆和后摆部位；墨江一带的哈尼族豪尼支系多把花草图案装饰在大围腰的边沿和下摆处；绿春一带的哈尼族的帽子、上衣的领口、下摆、裤子的膝盖部位多用花草图案。

绿春县哈尼族哈欧支系服饰常用花草纹样进行装饰｜娄世民　摄

（三）动物图案

动物图案是变化较为复杂的一种。在动物图案中，造型最重要，这是由于动物不仅有千变万化的姿态，而且有其性格心理特征，因此，要从动物的结构、动势、神情等方面进行夸张、变形。动物图案的特点是：从生活中提取动物的形象，大胆地进行写意、夸张。每一幅图案都表现出多项工艺技术综合运用的效果，即织、染、绣工艺的混用。哈尼族服饰中动物图案的运用相对来说是较少的，但是，刺绣工艺的多种技法的运用，使哈尼族服饰中的动物图案更加古朴。墨江一带的碧约支系常用动物图案做装饰，绿春、建水一带是使用动物图案较多的地区。动物图案通常装饰在儿童的帽子，女子上衣的袖口、腰带等部位。哈尼族服饰中的动物图案都是经过变形的，常常是几种动物和某种花草搭配在一起组成二方连续纹样。色彩上使用较为亮丽的颜色。

元阳县哈尼族昂倮支系少女盛装大圆牌上的动物图案｜袁爱莉　摄

（四）民俗图案

哈尼族服饰图案中有相当一部分属于民俗图案，如三角纹、折线纹、万字纹、旋涡纹等，这些纹样来源于哈尼族神话传说和民间故事，不仅是一个简单的图案，而是蕴含着丰富文化价值的符号。

金平苗族瑶族傣族自治县哈尼族糯比支系女子服饰背部的旋涡纹样 | 何作庆　供图

（五）吉祥图案

吉祥图案巧妙地运用人物、动物、花草、日月星辰、风雨雷电、文字等，以神话传说、民间谚语为题材，通过借喻、比拟、双关、谐音、象征等手法，创造出图形与吉祥寓意完美结合的美术形式。一般认为，吉祥图案起始于商周，发展于唐宋，鼎盛于明清。它们所要表达的主要有四个含意，即富、贵、寿、喜。一般有三种构成方法，一是以纹样形象表示，二是以谐音表示，三是以文字来说明。

哈尼族服饰图案中运用了回纹、雷纹、云气纹等吉祥纹样，一方面说明内地优秀传统文化对西南少数民族地区有着深远的影响，另一方面说明哈尼族本身是一个开放的民族，能够对外来文化进行吸收，为我所用。这类图案主要装饰在上衣的背部、袖口、腰带、帽子、挎包等处。常用的组织方式是二方连续，并在这个基础上不断地变化。

元阳县哈尼族糯比支系女子服饰纹样万字纹｜袁爱莉　摄

二、哈尼族服饰图案的分类与寓意

（一）直条纹

直条纹是哈尼族服饰中最常见的图案之一，常见于阿卡支系、卡多支系、切第支系、白宏支系的衣袖、前襟、袖口、护腿套等处，具有简洁、直观的特点。

西双版纳傣族自治州哈尼族阿卡支系上衣前襟上的直条纹｜袁爱莉　摄

（二）方形纹

方形纹是几何图案中最基本的纹样，它可以通过多种形式进行变化，组成丰富的造型。方形纹也是哈尼族服饰中最常见的图案之一，常见于哈尼族上衣的背部、帽子、腰带等处，尤以阿卡支系最为常见。

西双版纳傣族自治州哈尼族阿卡支系服饰背部的图案 | 袁爱莉　摄

（三）折线纹

折线纹主要装饰在哈尼族上衣的背部、袖口、腰带、帽子等的边沿处，起点缀作用。折线纹是线段的上下起伏变化形成的钝角三角形纹样，通常采用朱红、白、绿、瑰红等较艳丽的颜色，折线之间的色彩差异较大，三条折线成一组，每条折线都是一种单独的颜色，哈尼族用折线纹来记载历史上南迁的曲折历程。

西双版纳傣族自治州哈尼族阿卡支系服饰背部图案中的折线纹｜袁爱莉摄

（四）三角纹

哈尼族服饰图案中的三角纹有多种表现方式，除了运用布贴、刺绣工艺外，还大量使用银质的三角形进行装饰。三角纹在哈尼族文化中具有重要的地位，有着丰富的内涵，从地理环境角度看，寓意“住在山上的民族，即哈尼族”，同时也代表着哈尼族赖以生存的梯田；从民族历史角度看，代表迁徙途中的高山壑谷。哈尼族弈车支系帽饰上的三角纹记载了哈尼族迁徙的艰辛过程，用折线纹来记载南迁的曲折历程，表达了对祖先的崇拜和怀念。

西双版纳傣族自治州哈尼族阿卡支系女童服装上的几种三角纹样｜娄世民　摄

（五）菱形纹

菱形纹是图案变化较丰富的一种，有60度角和30度角之分。哈尼族服饰中的菱形纹多采用布贴工艺加刺绣的方式表现，通常和其他元素一起构成连续的、完整的、变化丰富的图案，色彩较为艳丽，具有很强的视觉冲击力。绿春、元阳、金平一带的哈尼族常用菱形纹，主要装饰在袖口、后背、裤口等处。

西双版纳傣族自治州哈尼族阿卡支系服饰背部的图案｜袁爱莉　摄

（六）八角花

八角花是哈尼族服饰图案中常见的具有鲜明特征的花草纹样，在哈尼族多个支系中运用广泛，尤其以比约支系、白宏支系最具代表性。目前，笔者收集到的都是变形后的八角花图案。八角花的角呈菱形，每两个角组合在一起，形成基本对称的纹样。有一类比较特殊的八角花纹，中间的间隔较大，每边由四个角组成，形成两个对立的纹饰。八角花主要装饰在哈尼族上衣的袖口、腰带、飘带、帽子等处，色彩上，通常采用亮丽的颜色，如白、翠绿、墨绿、紫、朱红等颜色，从而与较深的衣服底色形成强烈的对比。

元阳县哈尼族各和支系服饰上的八角花图案｜袁爱莉　摄

（七）蕨纹

蕨菜是哈尼族生活的高山峡谷地区生长的一种野生植物，是哈尼族经常食用的一种野菜。蕨纹在哈尼族昂倮支系的服饰上运用较多。在基本纹样的基础上，有许多种不同的变化，呈现出各种不同的变形样式。

墨江哈尼族自治县哈尼族卡多支系上衣袖口上的蕨纹｜娄世民　摄

（八）蝴蝶纹

蝴蝶纹在中国各民族中的运用是非常普遍的，它通常是绘画、雕塑、剪纸、刺绣等工艺中的重要题材。哈尼族服饰图案中蝴蝶纹的组织变化形式很丰富，采用了抽象的几何变化、具象的写生方式和意象的构成法。蝴蝶纹主要装饰在女子服饰的腰带和袖口处，一般都会连续使用，组成一个或多个二方连续纹样。有的作为整个图案构成的主体，位于中间，两边形成对称纹样。色彩方面，蝴蝶纹常使用多种颜色搭配，如白、玫红、朱红、草绿、中黄等颜色，十分鲜艳。另外，蝴蝶纹常和花草纹一起使用，作为男女交换的定情之物。

墨江哈尼族自治县哈尼族卡多支系女子围裙上的蝴蝶纹样｜娄世民　摄

（九）猫头鹰眼纹

哈尼族服饰中猫头鹰眼纹主要在金平、元阳一带的哈尼族女子上衣前襟部位或背部使用。猫头鹰眼纹采取了几何变形的方式，由两条曲线组成一个独立的图案，下方被两条折线隔开。整个图案运用大量的银泡做装饰，整齐有序地进行排列。色彩上，采用纯度高的红、绿、蓝、黄等颜色，显得雍容华贵。元阳一带的哈尼族糯比支系女子服饰坎肩上绣的猫头鹰眼纹运用大量的银泡做装饰，色彩鲜艳，雍容华贵。金平县哈尼族各和支系女子服饰背部绣制的猫头鹰眼图案形式感强，大方醒目，极富装饰效果。

金平县哈尼族各和支系女子服饰背部的猫头鹰眼图案｜何作庆　供图

（十）螺蛳纹

哈尼族喜欢食用螺蛳，螺蛳在梯田里随处可见，具有强大的繁殖能力，外观形状也富有形式美感。哈尼族常采用银质的螺蛳造型进行装饰，制成链状挂在前襟或腰带上。螺蛳造型是具象的造型，在哈尼族银饰品中较为常见。哈尼族弈车支系女子喜欢在腰间挂满硕大的螺蛳造型的银饰品，除了显示富有之外，也体现了生殖崇拜。

哈尼族弈车支系服饰的领褂下摆处有螺蛳形状的银坠饰 | 袁爱莉　摄

（十一）旋涡纹

旋涡纹主要装饰在哈尼族上衣的袖口、腹部和背部。旋涡纹在哈尼族宇宙观中代表着生命永无止境，象征着哈尼族生生不息，并具有吉祥寓意。哈尼族十分喜爱旋涡纹，经常在盛大节日、婚嫁等隆重场合中使用。金平县的哈尼族女子服饰旋涡纹图案运用较多，主要装饰在衣服的背部，每个图形大约 10 厘米宽，与其他图形相互映衬，大方醒目。旋涡纹是哈尼族哈备支系的标志性图案，一般绣在衣服前襟领口处和腰部位置，装饰效果强烈。

金平县哈尼族哈备支系上衣前襟的旋涡纹｜袁爱莉　摄

（十二）万字纹

哈尼族服饰上的万字纹有吉祥、万福和万寿之意。用“卍”四端向外延伸，可演化成各种纹饰，这种连续的纹饰应用非常广，在很多少数民族服饰中都有使用，在汉族服饰中也较为常见。万字纹主要装饰在哈尼族服饰的袖口、腰带、帽子等处，代表着万物有灵的观念。万字纹相互交叉，代表万物的本源只有一个，有绵长不断和万福万寿之意。元阳一带的哈尼族装饰在袖口上的万字纹有的为多色绣制，富有装饰性，有的为单色绣制，素雅大方。

元阳县哈尼族各和支系服饰上寓意吉祥、万福和万寿的万字纹｜袁爱莉　摄

（十三）犬齿纹

犬齿纹是哈尼族服饰图案中特有的纹样。犬齿纹形状像狗的牙齿，据说具有辟邪、防鬼害的含义，是一种图腾崇拜的纹样。哈尼族传统服饰普遍使用犬齿纹进行装饰，犬齿纹往往用包梗绣和布贴工艺绣制在上衣的袖口、衣摆、护腿套等处。犬齿纹经常变形组合成菱形纹，实际是上下相对的两组犬齿纹。犬齿纹经常会与花草纹配合使用。犬齿纹装饰形式没有固定的方向模式，具有许多变化。犬齿纹源于哈尼族的习俗，狗是哈尼族崇拜的动物，哈尼族认为狗具有保护人类不受鬼神侵害的作用。

西双版纳傣族自治州哈尼族阿卡支系腿套上的纹样｜袁爱莉　摄

（十四）鱼形纹

鱼一直与人类密切相关，甚至成为人类赖以生存的食物之一。哈尼族服饰中的鱼形纹以鲤鱼为主，用银质材料做成，通常都是具象的造型。哈尼族服饰中的鱼形纹主要以珠链的形式缀在上衣的前襟、腰带、帽子等处，有的鱼形图案下端挂有若干条银铃铛或银芝麻。哈尼族服饰银饰品中有大量的鱼形纹存在，一方面是对祖先的怀念，另一方面是生殖崇拜文化的体现。

绿春县哈尼族哈欧支系服饰上的鱼形纹样的银饰品｜袁爱莉　摄

（十五）白鹇鸟纹

白鹇鸟在哈尼族古歌和传说故事中都是帮助人们克服困难、过上幸福生活的吉祥鸟，表达了哈尼族对美好生活的追求和向往，哈尼族把白鹇视为善良吉祥的象征，对它怀有崇敬之情。他们常用白鹇做装饰，特别是绿春一带的哈尼族，他们把白鹇与蝙蝠组合在一起，形成以蝙蝠为中心，白鹇在两边的连续的对称纹样。哈尼族服饰中白鹇鸟图案的使用，有吉祥如意的意思。

元江县哈尼族堕塔支系服饰中的白鹇图案｜袁爱莉　摄

（十六）树木纹

哈尼族服饰中树木图案的应用是较多的。哈尼族的每个山寨都有自己的神树林，神树林中多是一些万年青、榕树和竹子，哈尼族服饰中树木的图案就是这些树木的体现。哈尼族阿卡支系男子服饰和碧约支系女子服饰中就有大量树木纹的图案。

西双版纳傣族自治州哈尼族阿卡支系男子上衣背部常见的树木纹｜袁爱莉　摄

（十七）回纹

回纹象征着吉祥和祝福，连续的回纹代表着富贵不断头的意思。中国古代传统纹样里，回纹和万字纹有近似之意。因此，两者常常在一起使用。哈尼族服饰图案中，回纹的使用十分广泛和普遍。其中，阿卡支系最具代表性，无论是大人还是小孩，都在上衣的背部和常用的挎包上绣满此种图案。绿春、元阳一带的哈尼族，常把回纹装饰在上衣的领口和袖口等处，可谓是风格独特。回纹的大量运用，表达了生命延绵不绝的意思。

西双版纳傣族自治州哈尼族阿卡支系女子上衣背部的回纹｜娄世民　摄

（十八）云气纹

云气纹又称“流云纹”，它的使用既能分割画面，又能使整个画面相联系、相统一，更重要的是加强了装饰纹样的动感。哈尼族服饰图案中，云气纹的使用也不少。其中，阿卡支系和白宏支系最具代表性。阿卡支系常在上衣的袖口和儿童的帽子上绣上此种图案，白宏支系常把云气纹装饰在上衣的袖口和腰带等处。

绿春县哈尼族白宏支系绣在腰带上的云气纹丨袁爱莉　摄

（十九）云雷纹

云雷纹是哈尼族传统图形中具有图腾性质的图形，云、雷都会带来降水，有了充足的雨水，农作物便会生长茂盛，所以远古先民期盼雨水丰沛，以滋养庄稼，便崇拜云和雷，并将云雷纹绘制在服饰上，以此祈求雨水，希望风调雨顺，为自己民族带来充沛的生产生活资源。

西双版纳傣族自治州哈尼族阿卡支系女子服饰绣在手袖上的云雷纹｜娄世民　摄

（二十）水车花纹

水车花纹在元阳地区比较常见，有各种纹样的组合方式，其基本型像水车翻滚时产生的水花，表现水车旋转时产生的动力美，水车花纹造型简练、抽象，富有动感，和哈尼族梯田耕作的生产生活方式息息相关。

元阳县哈尼族糯比支系服饰中常见的水车花纹｜袁爱莉　摄

（二十一）太阳月亮纹

在哈尼族的服饰中，太阳纹比较常见，它是由圆形和折线纹共同组成的，常用布贴工艺和银泡镶嵌成太阳、月亮的图案。元阳县哈尼族各和支系少女穿的坎肩式银泡衣，整件衣服用银泡嵌钉，像满天的星星，其上就嵌有太阳月亮纹。哈尼族腊咪支系女子的腰带也绣有太阳月亮纹。

元阳县哈尼族各和支系服饰上常见太阳月亮纹，图为绣在腰带上的太阳月亮纹｜袁爱莉　摄

第四章　哈尼族服饰图案的色彩运用特征

哈尼族服饰图案色彩丰富，有的图案用色大胆，对比强烈，有的图案用色极简，含蓄内敛，在各支系服饰中有不同的体现，但它们的共同点是都体现出哈尼族古朴、自然、豪放的性格特征。红、黑、白等颜色构成哈尼族服饰图案中的主要色彩。图案中以黑色为底，装饰配色大量使用红、黄、蓝等颜色，其中尤以红色为主，绿、紫、灰等颜色作为对比色或过渡色在局部运用。黑色、红色、白色是哈尼族服饰中最主要的色彩，具有多重象征意义。

一、哈尼族服饰图案色彩的象征意义

（一）黑色：民族的“保护色”

哈尼族支系众多，服饰款式各异，但其服饰的主色调是黑色或靛青色。哈尼族男女老少的服饰都是以黑色为主色，他们的日常装、节日盛装乃至婚礼装均以黑色为基调。

黑色是大地的颜色，是哈尼族生生不息的土地。在哈尼族传统的色彩世界中，黑色是人类在神、人、鬼三界同构的世界里为避开鬼魂纠缠、获得神灵庇佑、躲避恶人追击的保护色，人们认为穿上黑色衣服就能消灾免难、幸福平安。哈尼族对黑色有着崇敬之情，在他们心里黑色代表着吉祥、庄严、尊贵，甚至是民族的“保护色”。

（二）红色：具有神性的色彩

哈尼族服饰特点是黑色的服装和红色的装饰。哈尼族普遍将红色用于头饰、袖口、腰间和腿部的装饰，据说这些部位最能引起天界神祖注目，同时也最易接触到鬼魂。哈尼族孩子的帽上、衣上，乃至绑腿上更是少不了红色，挑花、缀缨都以红色为主。若是以羽为饰，必定要把一簇簇羽毛染成红色。对于哈尼族来说，这些红色就如同标明“神灵在此”“鬼魂莫近”的护身符，能够驱邪避灾。红色是天界神灵的象征，一种超越于人世，又降灵赐福于人间的神性色彩。[①]

（三）白色：对和平的追求

哈尼族的神话传说中白鹇鸟是吉祥鸟，哈尼族对白色的喜爱源自对白鹇鸟的崇拜和感恩，白鹇鸟安闲自在的生活令哈尼族无限向往。白色象征哈尼族历史上战争间隙可贵的和平生活，白色的运用表现出哈尼族对生命的向往、对和平的追求。

二、哈尼族部分支系服饰色彩的运用

（一）黑色与白色搭配

红河县哈尼族奕车支系女子衣服、裤子的颜色为深褐色或黑色，但她们通常会戴尖尖的白色帽子，她们称之为“帕崇”，长度有二十厘米左右，用白色的布裁剪而成。戴在头上就像白色的蝴蝶在飞舞。过节时还会手拿白伞做点缀，和身上大量的银色银饰品相呼应，色彩层次鲜明，独特雅致，令人印象深刻。

墨江哈尼族自治县哈尼族碧约支系女子把长发挽于头顶，用一块靛青色布从额头高挽的发髻朝后挽成板瓦状，并垂至腰部，内穿黑色右开襟长袖衣，外穿白色土布开襟短袖长尾衣，下穿黑色百褶长裙。色彩也是黑白搭配，端庄古朴。

（二）黑色与红色搭配

哈尼族阿卡支系服饰以黑色为主色调，红色被大量使用。哈尼族阿卡支系的服饰较为繁琐，头饰和挂式很多，头饰会有很多银泡和装饰堆叠，有羽毛、银泡、彩线等装饰物的点缀，在绑腿、衣服背面和挎包上有很多红色的绣品装饰，头部的线球和羽毛也大多用红色装饰。哈尼族阿卡支系服饰装饰图案色彩运用十分大胆，以黑色、红色最为突出，颜色对比比较强烈，其他色彩的运用使得黑红两色产生一定的中间互补色调，显得十分和谐。

---

① 参见白永芳：《哈尼族传统女性服饰及其符号象征》，23-24 页，北京，中央民族大学硕士学位毕业论文，2005。

红河县哈尼族弈车支系女子服饰｜袁爱莉　摄

西双版纳傣族自治州哈尼族阿卡支系以黑色和红色为主的少女服饰 | 袁爱莉　摄

（三）黑色与蓝色搭配

元阳县哈尼族糯比支系服饰颜色的总体基调是黑色或深褐色的，整件衣服在黑色的服装布料上只绣饰浅蓝色花纹，花纹图案有直纹、水车纹、回形纹、猫头鹰眼纹等，外加银饰品的点缀，非常素雅、庄重。

元阳县哈尼族糯比支系以黑色与蓝色为主的女子服饰｜袁爱莉 摄

（四）黑色与银色搭配

绿春县哈尼族西摩洛支系头戴黑布包头，包头向前额凸出，上衣是黑色无领斜襟右衽长袖衣，长及膝部，下穿及膝筒裙。衣领口钉双排银泡，胸前也缀满上百枚小银泡，排列整齐，呈长方形。腰间紧束一条腰带，腰带上绣满花纹，并用银泡镶嵌在图形之间。整套服饰颜色以黑色与银色为主，局部以红色、黄色的图案点缀，和高耸的黑色发饰相呼应，显得朴实、庄重。

绿春县哈尼族西摩洛支系以黑色和银色为主的女子服饰｜李龙沙 供图

三、哈尼族服饰图案色彩的配色方法

（一）善于运用色彩的对比

哈尼族服饰图案在用色上善于运用绿与红、黄与紫、蓝与橙等对比的色彩，以突出图案的色彩视觉效果。例如下图运用了红绿色的对比，在黑色的衬底上绣红绿两色的图案，配以红绿两色的毛线球，大方醒目，装饰效果极强。黑白对比的颜色在哈尼族服饰中也极为常见，用银饰的白色和布料的黑色相互映衬，装饰效果醒目、突出。

哈尼族有的支系特别喜欢鲜艳的色彩，例如阿卡支系和哈欧支系就喜欢用鲜艳的颜色和繁复的图案进行服饰的装饰。哈欧支系女子的服饰用色大胆、鲜艳，善于运用纯度很高的鲜艳的颜色，例如大红色、明黄色、翠绿色、金色等，装饰图案也是大方、夸张的，常用大朵的花卉图案进行装饰，图案内容以花卉为主。

绿春县哈尼族哈欧支系运用了红绿对比的女子服饰手袖｜袁爱莉　摄

元江县哈尼族糯比支系运用了黑白对比的服饰｜袁爱莉　摄

元阳县哈尼族各和支系运用了黑红对比的袖口图案｜袁爱莉　摄

（二）善于运用底色的衬托

哈尼族服饰图案善于运用底色的衬托，图案在各种颜色的衬底上都可以进行装饰，根据不同底色的布装饰以不同的颜色。哈尼族崇尚黑色，所以服饰大都为黑色或深蓝色，服饰图案用纯度高的颜色装饰，色彩对比强烈。例如下图在黑色衬底上配以红、黄、蓝、绿、白、紫等色，在中间部位绣有图案的位置，在第二个衬底红色上反过来又衬以黑色图案，与白色进行对比，大方醒目，各种颜色都鲜艳夺目，色彩众多却和谐、统一。

总之，哈尼族传统服饰的基调为深蓝色、黑色，其染色均来自蓝靛叶，浸染次数少时，呈靛青色或蓝色，浸染次数多时，则为黑色。黑色是调色板中明度最低的颜色，能够与绝大多数彩色相搭配，形成强烈的对比，因此在以黑色为基调的服饰上进行装饰，显得异常鲜明、出众。

元阳县哈尼族各和支系女子裤角上装饰的水车花纹，运用衬布底色衬托｜袁爱莉　摄

元阳县哈尼族糯比支系腰饰上的银泡 | 袁爱莉 摄

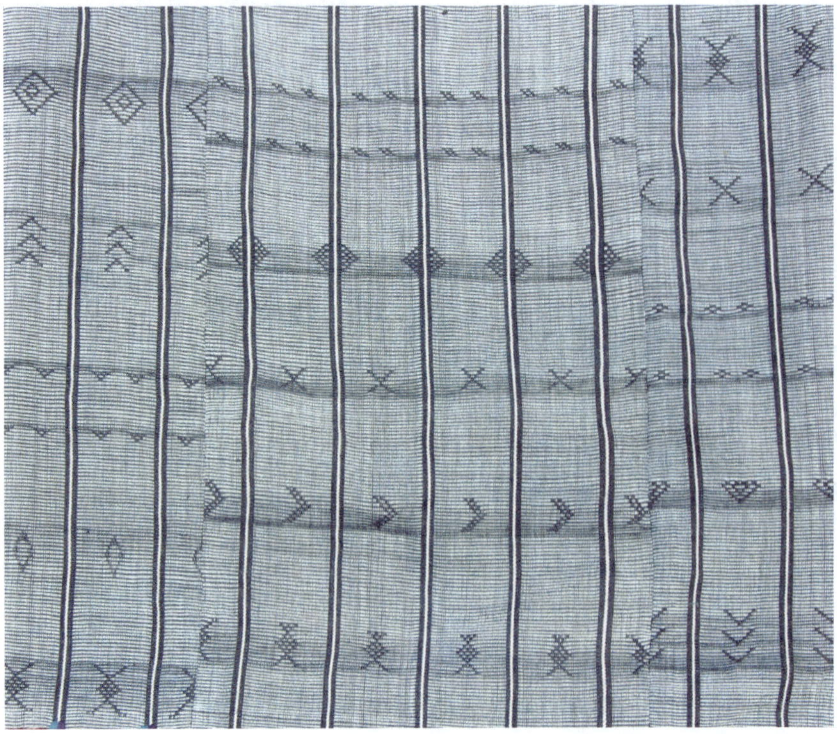

红河县哈尼族糯比支系的背包（局部），图案为手工编织 | 袁爱莉 摄

元阳县哈尼族糯比支系妇女的坎肩后摆图案｜袁爱莉　摄

第五章　哈尼族传统织染布和服饰图案制作工艺技法

一、传统织布技法

哈尼族主要是运用棉纺织工艺，把棉织成土布，棉纺织工艺流程有轧棉花、弹棉花、搓棉条、纺线、绕线、上浆、洗晾、拉线、排经、穿蓖、梳线、织布等工序。

秋天时节棉花采收回家，把棉花晒干后用轧花机将棉花籽剔除干净，把剔干净的棉花弹好，把弹好的棉花用高粱秆搓成手指粗细的棉条，这样的棉条就可以纺成纱线。纺线的时候需要手和脚的配合，要把纱线整齐地排放在织布机轴架上，经过一定的工序把纱线制成经线，再经过纺织人的双手横穿梭子，制成纬线。

织布的工序繁复，流程严密。织布的过程是：用双脚踩踏织布机的踏板，使轴架上的经线分开，纬线就能穿过去，接下来就是引线、排经、送纬、卷取、纬纱补给等织布过程。经过这个过程织出来的棉布称之为“小土布”。土布的颜色为白色，尺寸一般宽度为 0.24—0.3 米，长度为 1.8—10 米。

最后的工序就是染布，把织好的土布放进染缸里面，以靛青染黑，然后就可以将布制作成传统的民族服装了。

哈尼族棉纺织工艺过程之纺线｜袁爱莉　摄

哈尼族棉纺织工艺过程之拉线｜袁爱莉 摄

哈尼族棉纺织工艺过程之穿蓖｜袁爱莉 摄

哈尼族棉纺织工艺过程之织布 | 袁爱莉　摄

二、传统靛染工艺技法

哈尼族传统靛染工艺是云南少数民族非物质文化遗产的重要组成部分，具有悠久的历史，在生活中运用广泛，深受哈尼族人的喜爱，具有鲜明的民族特色。其技法的关键是以天然的植物板蓝根为染料，通过独特的发酵和染色技术使布料染成蓝黑色。哈尼族传统靛染工艺步骤如下：

（一）采靛叶

哈尼族人所采用的靛染植物是马蓝，当地称之为“板蓝根”或“南板蓝根”。马蓝喜温暖湿润气候，多生于海拔 500−1500 米的山坡、箐沟、溪边。马蓝茎叶富含靛蓝素，一般采用老茎叶制作靛油。马蓝的叶和根均可入药，其药效清热、解毒、凉血。每年农历五、六月栽培，次年夏、秋两季即可收获。

（二）制靛油

哈尼族女子会将采收回来的马蓝鲜叶浸泡在清水里，气候炎热的时候泡制 5—6 个昼夜，寒冷的时候泡制 8—9 个昼夜，这样的时间长度能够让马蓝鲜叶充分地发酵、腐烂。等到发酵好，挑出茎叶产生的杂质之后，再往池塘里倒入相应比例的石灰水，鲜叶水和石灰粉的混合比例为 3:1，用搅拌工具重复搅拌使其充分融合并反应。在搅拌的过程中会产生很多泡沫，从泡沫的色泽可以分辨出这一池塘的蓝靛品质的好坏。优质的蓝靛产生的泡沫是蓝紫色的，劣质的蓝靛产生的泡沫是灰蓝色的。当池塘的水面上产生很多泡沫的时候，就可以停止搅拌了，然后将靛水在池塘里放置大约 1 天时间，让靛水能够完全沉淀，最后抽出上层的水，池塘底部剩下的靛油水用水桶装载到安放在池塘边上的大篾箩里，篾箩的口部放上筛子进行过滤，筛滤出靛油水里面的杂质。过滤后的靛油水在篾箩里放置一到两天后，从水里打捞起沉淀出来的靛油，再将这些靛油装在瓦盆里，放到家里晒不到阳光的阴凉地方，可长期使用，一整年都不会干。上等靛油的成品色泽为蓝紫色，中品为绿色，下品为灰色。①

（三）酿染液

陶缸或木桶都可以作为酿染液的容器，按 1 斤靛泥 +10 斤水 + 少量酒的比例调配，再加入草木灰，然后在水缸内进行搅拌，使其 PH 调制到 10—11 碱性值为佳。调配好的染液需要每日搅拌，覆盖麻布保温，3—5 天后染液表面会覆盖一层铜绿色膜层，就意味着染液酿成，可以浸染。

---

① 参见黄绍文：《穿戴神话——哈尼族服饰艺术解读》，35 页，昆明，云南美术出版社，2010。

采摘板蓝根鲜叶｜黄绍文　供图

按比例放适量的石灰粉与鲜叶水搅拌融合｜黄绍文　供图

搅拌至起浅蓝色的泡沫｜黄绍文　供图

用靛油染土布｜黄绍文　供图

（四）浸染布料

手工土布布料经过捶打、浸泡预处理后，要浸入染液中 20-30 分钟，再捞出悬挂沥干，布料上的靛蓝素在接触空气后开始氧化，布料就由黄绿色转为蓝色。这种浸染与氧化的过程需要重复 5-20 次，次数越多，色泽越深。

（五）固色与后期处理

土布染色后，哈尼族还要用皂角液沸煮浸染好的土布以固色，再用糯米稻草灰水漂洗，可达到增色增亮的效果，最后用滚石碾压或木槌敲打，使布料呈现特有的金属光泽，黑中透亮。

三、传统刺绣技法

哈尼族刺绣主要使用布、针、剪刀和绣绷等工具，刺绣材料通常是各色的棉线、丝线、麻、毛线等。刺绣针法多种多样，有平绣、包梗绣、挑花、锁绣、套绣、编绣、龙鳞绣、线结绣、综合绣等。有的绣在彩色底布上，有的绣在素色底布上。绿春、元阳一带的哈尼族常使用平绣、锁绣、编绣、包梗绣和龙鳞绣等方法，元江一带的哈尼族常使用套绣、线结绣等。

绿春县哈尼族哈欧支系女子上衣前襟修饰的花草纹样采用的是平绣针法｜袁爱莉　摄

平绣又称“铺绒绣”“细绣”，是以平针为基础的绣法。具有绣面平整、针法丰富、绣法精细、色彩鲜艳的特点。平绣是较为基础的针法，也是最古老的针法之一。平绣包括齐针、挽针、抢针、套针、接针、旋针、擞和针等多种针法。平绣通常用在具象图案里，例如用来描绘花草的具体造型。

包梗绣又称“钉线绣”“盘线绣”。包梗绣通常以一根相对粗一点的线作梗，先把这根作为梗的线盘曲成花纹，另一根线通过绣针的穿引，从梗线的一侧抽针，而从另一侧刺针，将梗线压落固定。针脚可以是直线排列或花式排列。包梗绣有明包梗和暗包梗，前者针迹暴露在线梗之上，后者针迹隐匿于线梗之中。若用金线、银线作为梗线并组成花纹，称为“钉金”或“平金”，若以金线、银线盘线成花则称为“盘金银”或“盘金绣”。[①]

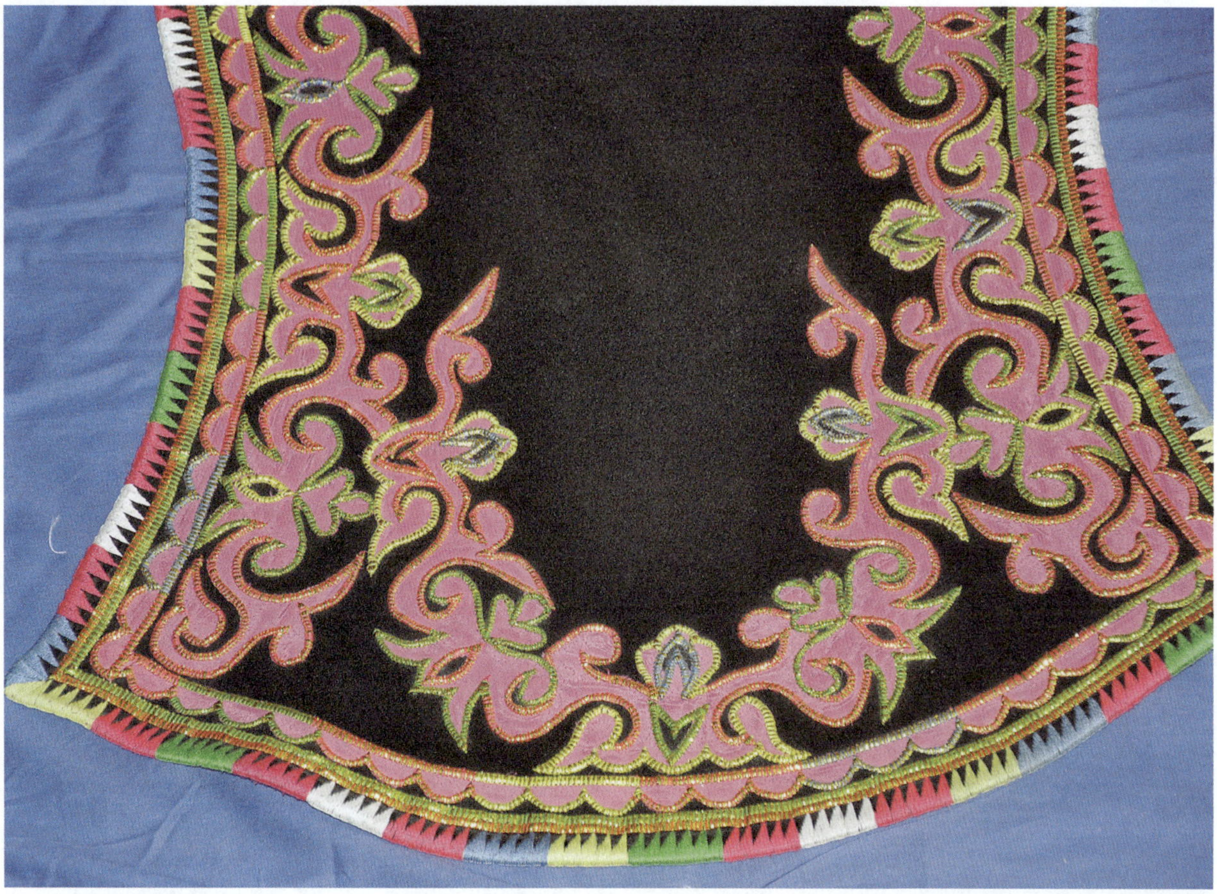

绿春县哈尼族哈欧支系女子围裙尾饰上的包梗绣 | 袁爱莉　摄

① 参见袁爱莉：《哈尼族服饰艺术研究》，120 页，昆明，云南人民出版社，2018。

非常具有代表性的是绿春县哈尼族哈欧女子的镶拼包梗绣工艺。例如下图中的绿春县哈尼族哈欧支系女子围裙就是用包梗绣的方法刺绣的。具体刺绣方法是先剪好花草纹样的色布，贴在服饰需要装饰的部位，沿图案的边缘用金线或银线作为梗线，用彩色丝线固定在纹样边缘。固定用的丝线是彩色的，常见玫红、橙黄、天蓝、深蓝、官绿、淡绿等颜色，色彩的选用需避开填补布料之色，多运用对比色。

挑花又称“挑纱”“数纱”，是我国少数民族服饰中常见的一种制作工艺，在平头哈尼族阿卡人的生活中，挑花要伴随着女性的一生，孩子没有出生时，孩子的母亲就已经开始为孩子制作各种挑花的东西，女孩子出生之后耳濡目染地看着妈妈制作，到六七岁便开始帮妈妈理线头、绕线，直到自己可以上手来挑花，这其中妈妈的口传身教是功不可没的。挑花分为十字挑花和平挑两种：十字挑花又称“十字绣”，就是在布料的经纬线上挑十字，形成反反复复并列的十字并组合成图案；平挑通常构成二方连续或四方连续的图案，以图案的反复来铺列在服饰上。①

元阳县各和支系用挑花针法绣的八角花纹样 | 袁爱莉　摄

① 参见袁爱莉：《哈尼族服饰艺术研究》，124 页，昆明，云南人民出版社，2018。

四、传统布贴工艺技法

布贴是刺绣的一种形式。它利用做衣被剩下的边角碎料，在底布上拼成各种图案，先用浆糊贴牢，再用针线沿着图案纹样的边锁绣，将其固定，再进行细部的加工而成。

布贴图案的色彩丰富，设色面积可大可小，对比强烈，造型浑厚、古朴、粗犷、明快，极富装饰意味。布贴作为独特的刺绣制作方式，更注重整体的布局和变化，不拘泥于繁琐的细节。

布贴图案的古朴风格，直接反映了哈尼族女子的美学趣味。在哈尼族服饰的制作中这是一种极为常见的工艺手法，哈尼族女子根据所想要贴制的图案，或者手里所拥有的小布头，来拼贴出精美的图案。她们把布贴工艺和刺绣工艺结合起来使用，使服饰的图案呈现出半立体的效果。例如绿春县哈欧支系服饰就大量采用布贴工艺制作图案，并和包梗绣相结合，具有立体效果，图案大方醒目、色彩鲜艳。

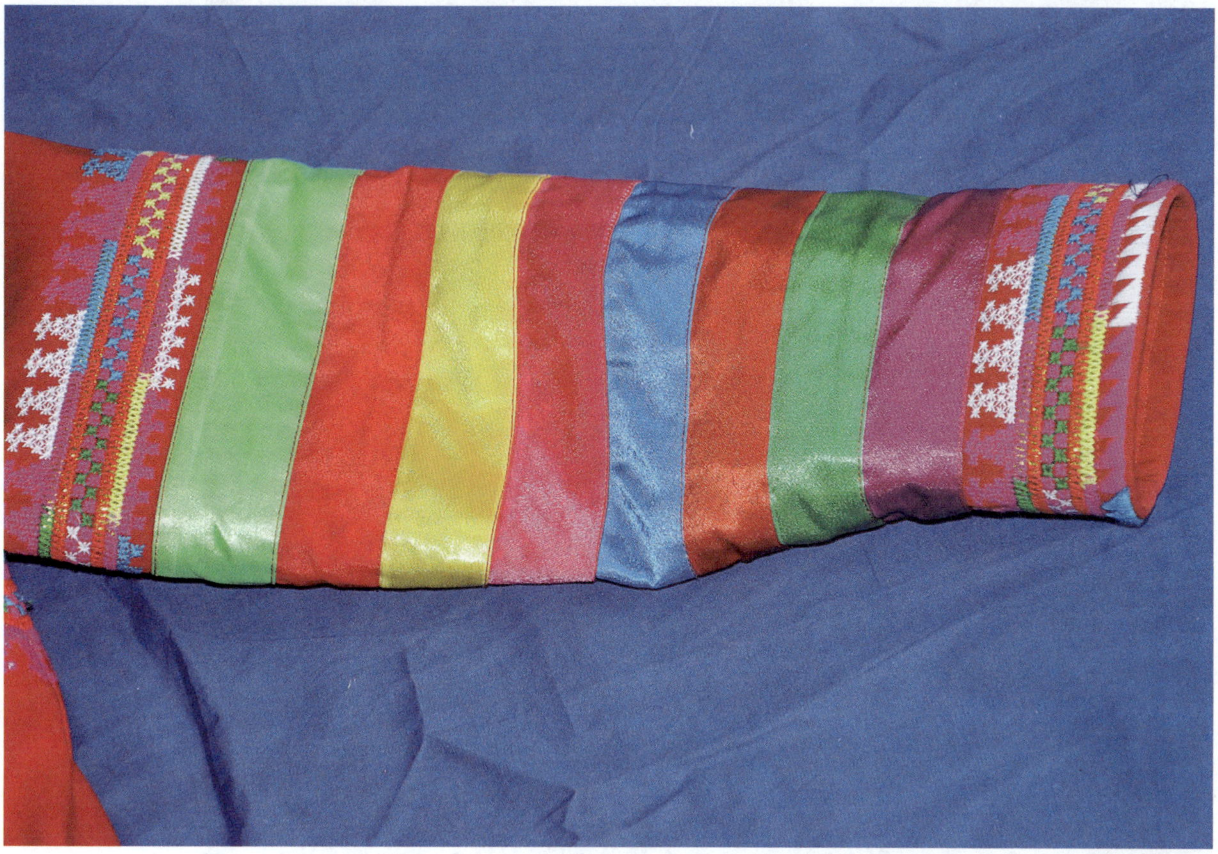

绿春县哈尼族哈欧支系女子手袖上的布贴工艺，用各种颜色的布拼接在一起，色彩鲜艳、靓丽，象征天边的彩虹｜袁爱莉　摄

红河县哈尼族白那支系男子的背包，用包梗绣布贴工艺制作｜袁爱莉　摄

元江县哈尼族糯比支系尾饰上的布贴工艺｜袁爱莉　摄

五、传统盘扣和扣绊工艺技法

盘扣是用以连接服饰部件的一种构件，它是服饰上不可缺少的配件，也是重要的装饰品。盘扣在哈尼族服饰中很常见，一般用于领口或衣服的右前襟部位，用于连接衣服，有时也只作为一个装饰物件使用。

盘扣由汉族发明，于明朝后期出现，最初只用于女装常服，满族服饰吸纳后，在满族服饰中大量使用。伴随清朝统治者的剃发易服政策、对满族服装的推广，云南的少数民族服饰在历史上深受其影响。哈尼族服饰就受到姊妹装服饰的影响，在服装造型上极为相似，是哈尼族在适应地域气候特征以及梯田耕作需要的前提下，对外来服饰进行引进并改良的结果，满族的旗袍、马褂的基本样式得以保留，其中满族服装中广泛使用的盘扣成为哈尼族服饰的基本元素之一。

布质盘扣制作工艺包括了盘、包、缝、编等多种手法，盘扣的扣子是用称为“袢条”的折叠缝纫的布料细条编织而成的。盘扣要先做成硬条，然后再盘制而成。在哈尼族各支系中，盘扣的形状和样式各异，有做工精致复杂的盘扣，如绿春县哈欧支系的领口装饰；有造型简单的盘扣，一般哈尼男子服装上的盘扣，色彩和造型都很简单，直接用黑色布料制作，相当朴素。

哈尼族服饰上还有另一种最常见的连接衣服的构件，叫扣绊。哈尼族常以银质、铜质、铝质等金属材料作为扣绊，其中比较常见的扣绊是用银质材料打制出的各种装饰造型，形状上以蝴蝶形、梅花形、蒜头形为主。哈尼族服饰中常见的另一种扣绊是用古老的银币制作的，这些银币大多是清朝时期的银币以及从印度流传进来的法国银币。这些银质扣绊一般用在衣服比较醒目的位置，在衣襟上常常起到画龙点睛般的作用，装饰效果极强。

元阳县哈尼族腊咪支系妇女服饰上衣领口扣绊是用古老的银币制作的，银币扣绊一般用在衣服上比较醒目的位置 | 袁爱莉　摄

绿春县哈尼族哈欧支系女子服饰领口常用盘扣和银扣绊共同装饰｜袁爱莉　摄

元阳县哈尼族昂倮支系男子上衣领口的蝴蝶形状的银质扣绊｜袁爱莉　摄

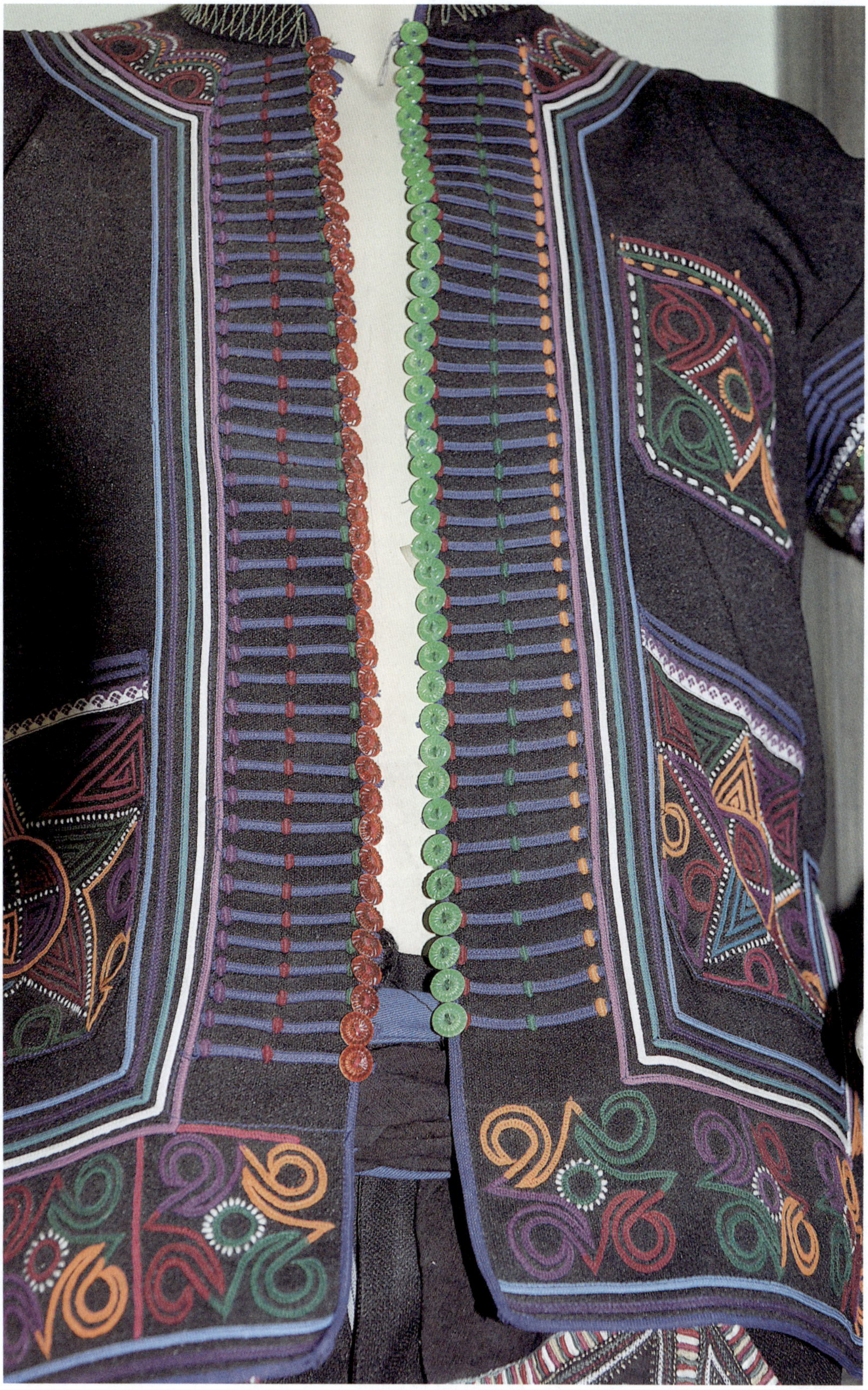

元阳县哈尼族糯比支系男子服饰上，塑料纽扣和布做的盘扣，密密麻麻排列在马褂前胸，富有装饰效果｜袁爱莉　摄

六、传统银泡工艺技法

哈尼族服饰喜用银泡缀饰，银泡缀饰是哈尼族服饰一个引人注目的焦点，银泡一般装钉在包头、腰带、衣袖、衣襟前胸、腰部侧面等地方。依据银泡外观不同，分为小梅花银泡和大梅花银泡，有光珠、谷斗、蜂窝等不同称呼。哈尼族在黑色的底布上镶钉银泡，组合成各种造型的图案，这些图案有圆形、方形、梯形、三角形的形状，也有各种线的、点的、面的形状。银泡的组合形式多样，装饰在黑色的衣服上，如同满天的繁星镶嵌在天幕上，显得华丽、神秘而庄重。有的银泡与刺绣图案结合，在刺绣好的图案上装钉银泡，和彩色的图案相互映衬，显得色彩绚丽，富有立体效果。

传统手工制作银泡是这样一个过程，制作时，首先把银熔化，铸成五六寸长的银条。接着把银条捶到两张纸的厚度，如果银条捶后有裂缝，便是废品，因此，锤要放得合适，砧铁下落力度要稳。然后，把薄片放在锡块上，用一个中空且尾宽嘴尖的圆凿锯割（凿有不同型号，依需要而选用），锯下的越圆，打下来的银泡也就越匀称。对于锯下来的小银片，要把它放进一个锌或铁铸成的圆窝里，用筷子头粗细、三寸来长的小铁棒将它打凹成盔帽形状，再把打好的小银片放在锡块上。打眼要求很简单，但也是甚为考究的工序，熟练的师傅打一两银泡，往往也得花一天。为了使打好的银泡更加好看，还必须把它放进铜锅里炒烫，再放进明矾水中煮沸，然后用布包裹起来在明矾水里搓洗，这样，才成为亮晶晶的银泡。[①]

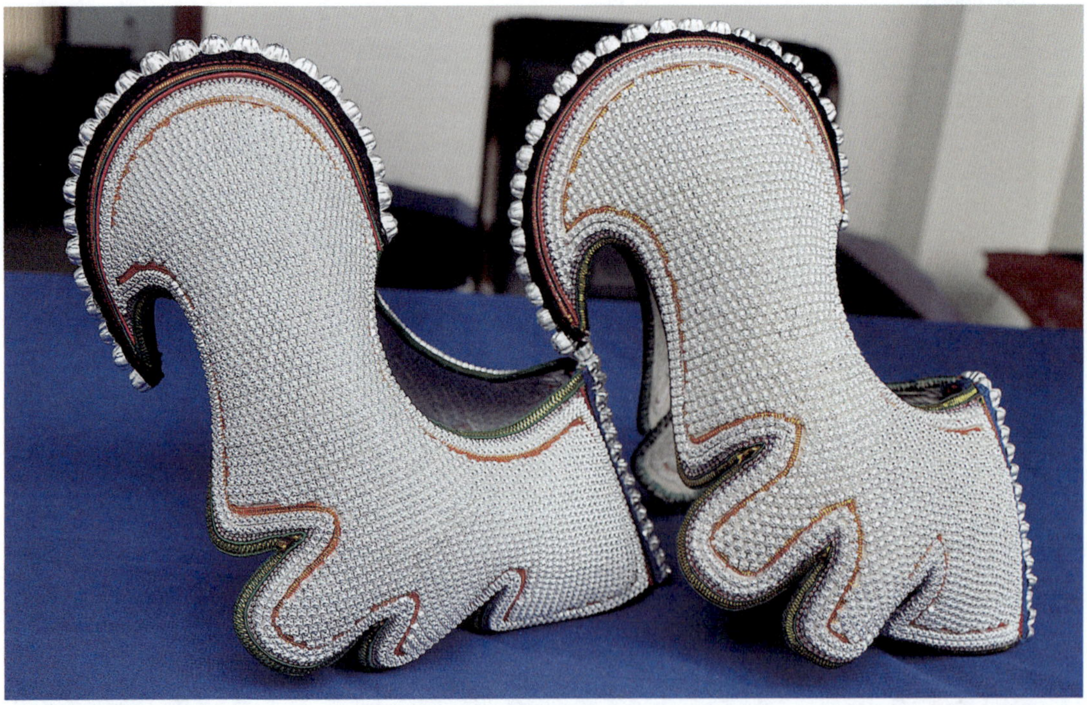

红河县哈尼族哈尼支系少女头饰被称为“公鸡帽”，是用一百多颗银泡镶嵌而成的 | 袁爱莉 摄

① 参见黄绍文主编:《哈尼梯田民间传说故事集》，229 页，昆明，云南人民出版社，2016。

元阳县哈尼族腊咪支系（也称各和支系）女子服饰上，用银泡镶嵌成各种形状的图案，装饰在包头、腰带、衣袖、衣襟前胸、腰侧等处 | 袁爱莉　摄

元阳县各和支系女子服饰前摆图案，与刺绣图案结合的银泡，色彩绚丽，富有立体效果｜袁爱莉 摄

七、传统腰机织彩带工艺技法

原始的织机是席地而坐的踞织机，又称“腰机”。在哈尼族传统服饰中就有一种用古老的腰机织就的彩带，在哈尼族奕车人中叫“帕阿”，在绿春县哈尼族窝拖布玛人中叫“帕案”。

这种彩带宽约一至十五厘米，长一至五米，用红、黄、蓝、白、青五色棉线编织而成，两端系有蓬松的各色丝线彩泡，如一束鲜花结在彩虹的两端，艳丽精美，多用作男女青年的裤带、腰带、背伞带[①]、篾帽带以及“合八”（一种篾制饭盒）的装饰物。也可做三弦、月琴的背带和骡马的缰绳。[②]

编织这种彩带时，要“将彩色棉线按需要理顺，‘帕案’宽窄和色彩由此决定。编织者在小凳上坐下并伸直两腿，以环腰的布带和可调整的别针将彩线一端固定于腹前，另一头留出相当长度后在一根平直坚实的木棍中间打结。木棍置于脚底，彩线在双脚与腰部之间绷直构成经线。以一支宽约 25 厘米的‘竹弓’，在靠近腿部一端将经线均分为上下两层，再以一根缚有多根白色棉线的细竹作为两层经线交错的辅助工具。此外，还需要一把约 40 厘米长的‘竹刀’，一切准备停当，以白色线团作为纬线，经线交叉一次，纬线便横穿一次，并用‘竹刀’压打纬线，不停地交叉、穿梭、压打，一条长长的帕岸，便织成了”[③]。

王彪在他的文章里介绍了泰国哈尼阿卡人仍在使用这种古老的腰机工艺，他指出，阿卡妇女使用的纺织工具是较为古老的踞织腰机，又称为“腰机”。主要由藤腰带、腰力棍、木刀、拉经棍、竹梳、竹纬线针、整绒梳等器械组成。阿卡妇女在织布时穿着腰带，用双足踩织机经线木棍，席地坐着织布。其过程是用右手持着打纬线木刀，按织物的强力交替程度。左手投纬线引线，然后用木刀打紧纬线，织者略弯着身，随着经线沉浮，一纱一线地织造。[④]

---

① 背伞带：哈尼族女子为携带雨伞而特制的一条带子，它既是一个背伞用具，又是一个装饰用品。

② 参见中国人民政治协商会议云南省红河县委员会文教卫史委员会编：《红河县文史资料（第五辑）：哈尼族奕车女子的人生礼仪》，34 页，红河，2001。

③ 白永芳：《哈尼族服饰文化中的历史记忆——以云南省绿春县“窝拖布玛”为例》，292—295 页，昆明，云南人民出版社，2013。

④ 参见王彪：《泰北山地民族服饰审美初探——以阿卡民族服饰为例》，载《玉溪师范学院学报》，2007（7），57—65 页。

元阳县、金平县、红河县的哈尼族普遍使用的“帕案”，这种“帕案”多用作男女青年的裤带、腰带、背伞带、篾帽带，也可做三弦、月琴的背带和骡马的缰绳｜袁爱莉 摄

红河县哈尼族奕车支系青年女子腰间的装饰物，叫“帕阿” | 袁爱莉　摄

第六章 哈尼族服饰图案与民间传说故事

哈尼族服饰图案中有相当一部分属于民俗图案，如直线纹、树木纹、三角纹、旋涡纹、犬齿纹、鱼、白鹇等，这些纹样都来源于哈尼族神话传说和民间故事。这些纹样不仅仅是一个简单的图案，还是蕴含着丰富的文化价值的符号，哈尼族服饰图案寓意深刻，不仅蕴含着自然环境和生产方式，还反映了民间信仰和文化特征，记载了哈尼族古老的神话。哈尼族女子用她们灵巧的双手和聪明才智在自己的服饰中绣出了一个个神奇的传说和故事。

一、几何纹样的寓意与民间传说故事

哈尼族碧约支系女子服饰中的长衣，背部精心刺绣的图案，记录了哈尼族上千年来迁徙的历史。衣服的上方是红圈黑心的圆点，说明哈尼族曾经在夜晚踏上迁徙的历程；红色的丝线纹图，说明在每个哈尼族曾经定居的地方都有人死去，并葬在了那里；衣的底边是黑红蓝白相间的下坠丝线，据说这是泪水，为了避免战争或迫于自然灾害，哈尼族不得不忍痛离开家园，继续迁徙；衣服中间有两条红白黑相交的曲曲折折的等距离排列线，是哈尼族迁徙的路线图，红线表示所走过的路程都充满了艰苦的征战，黑线说明在千年迁徙征战中，虽然付出了极大的代价，但是也有幸福、安乐的时光。①

① 参见白永芳:《哈尼族传统女性服饰及其符号象征》，47 页，北京，中央民族大学硕士学位毕业论文，2005。

墨江哈尼族自治县哈尼族碧约支系女子服饰白色的长衣背部所精心刺绣的图案，记录了古老的迁徙历史 | 李龙沙　供图

民间传说故事

哈尼三祖先①

仰资、区依、莫作是历史上的哈尼三祖先，他们都是“他朋”②的子孙后代。在哀牢山区的哈尼山寨里，有关三祖先的传说，像哀牢山上的树叶一样多，像画眉雀唱出的歌声一样好听，像木刻一样永远刻在哈尼人民的心坎上。

相传很古的时候，哈尼祖先最先住在美丽富饶的诺玛阿美，后来又搬到宽宽的谷哈③，但是幸福的日子没过多久，异族人抬着大刀、长矛、弓箭，又杀进了谷哈，抢走哈尼人的粮食和牛羊，杀死哈尼人的父老和兄弟。人少的哈尼人打不赢人多的异族人，哈尼人生活的谷哈被异族人霸占了，哈尼人不得不背上粮食和种子，扶着年迈的老人，牵着年幼的小娃，背着吃奶的婴孩，赶着成群的牛羊，离开了幸福的谷哈，分成十二路去寻找一个能安安稳稳过日子的地方，四路朝着太阳升起的东方走，四路朝着南边的大山走，四路朝着太阳落山的西方走。

朝南边走的四路哈尼人商量好，先走的一路砍倒树木和草作为路过的记号，让后边来的三批人尾随着走。这样四路人马浩浩荡荡朝南方迁移。异族人不杀光哈尼人心不死，骑着马来追赶，后边的三路哈尼人停停走走，一天走不了多少路，耽搁的时间长了，来到大江北岸的时候，先走的第一批哈尼人砍倒的芭蕉树和草又发出来长高了，过路的记号认不清了，于是后面走的和前面先走的那路哈尼人就联系不上，走散了。

就这样，跟在后边的三路哈尼人，一路留在了红河大江北岸的山上，一直繁衍到今天，哈尼人把他们叫“戛堵哈尼”④，一路从“坎罕”⑤坐傣家的木船渡过了大江，在南边的高山上安了寨子。一路乘芭蕉树和竹子扎成的筏子过了大江，在宽宽的“拉沙”⑥坝子安了寨。

讲　　述：鲁　然　　祖　博　　热　斗
搜集、整理：黄世荣
编　　辑：李斯博

① 摘自云南省民间文学集成办公室编：《哈尼族神话传说集成》，295 页，北京，中国民间文艺出版社，1990。
② 他朋：哈尼族始祖之一。
③ 谷哈：地名，大致在今昆明市滇池一带。
④ 戛堵哈尼：掉队的哈尼人。
⑤ 坎罕：大致在今红河县。
⑥ 拉沙：大致在今元江县。

二、树木纹样的寓意与民间传说故事

树木纹样的第一层寓意是森林崇拜。哈尼族服饰中树木图案的应用较多。哈尼族对树木森林的感情是深厚的，他们认为水是生命的源泉，没有森林就没有水源，水是人们赖以生存的梯田的血脉，人、树、水是一个轮回循环的生命系统，树木、森林成为哈尼人生产生活的最大依靠。哈尼族山寨都有自己的神树林，多是一些万年青、榕树和竹子，每年都要进行神树祭拜。哈尼族服饰中树木的图案就是这些树木的体现。哈尼族的神话传说《砍大树王》《遮天大树王》《都玛简收》等讲的都是和树木、森林有关的故事。哈尼族碧约支系、阿卡支系的服饰图案中都有树木的造型，表达了人们对树木的喜爱之情。

西双版纳傣族自治州哈尼族阿卡支系男子服饰背后也绣有树木图案｜袁爱莉　摄

墨江哈尼族自治县哈尼族卡多支系女子围裙上绣的树木花草纹样｜娄世民　摄

树木纹样的第二层寓意是对历史上哈尼族社会中三种能人的崇拜、尊敬。例如，阿卡男子服饰上的树形图案和碧约支系妇女背部的树形图案比较相似，背后具有另一层象征寓意。树形图案的造型是经过变形后的几何形态，共有三层组成，最下面的一层是树根，代表头人；中间的一层是树干，代表贝玛；最上面的一层是树尖，代表工匠。哈尼族神话《直、琵、爵》中说："远古的时候，天神派遣三种能人——头人、贝玛、工匠来领导处于混乱无序中的哈尼人，从此社会有了长足的发展，生活稳定，人人富足，人神皆安。而人群中一些希望不劳而获的人，见'三种能人'劳心而不劳力，且报酬丰厚，便取而代之，仿效人们管理社会，'三种能人'见自己不受敬重，一怒而去，结果社会秩序混乱，生产退步，鬼神作祟。哈尼人于是认识到以'三种能人'为代表的脑力劳动的重要性，便诚恳致歉，请他们回到哈尼村寨担任主事，这样，社会才又重新稳定发展。"可见，哈尼族服饰中树木图案的使用是有一定寓意的，表达了哈尼人永记历史教训，同时也体现了哈尼人对三种能人的崇拜、尊敬之情。①

西双版纳傣族自治州哈尼族阿卡支系男子服饰上的树形图案具有一定的象征寓意｜袁爱莉 摄

① 谭洋洋：《哈尼族服饰图案艺术研究》，33 页，昆明，昆明理工大学硕士学位论文，2007。

墨江哈尼族自治县哈尼族碧约支系女子外衣背上的树形图案 | 娄世民 摄

民间传说故事

遮天树王[1]

传说东仰[2]地方有一个头人，他生着三条水牛粗的腰，长着九只老虎的力气，牙齿比尖刀还快。他最爱吃人，一天要吃七个男人，一晚要吃七个女人，他喝剩的人血淌满了寨脚的水塘，啃剩的人骨头堆成小山。

他生得一双儿女，儿子名叫杰罗，心肠好。姑娘生得扎实漂亮，名字叫杰姒，哈尼人称她“咪达聪奎”[3]，可她肚子里生着七节黑臭的岔肠，专门跟着阿爹干坏事。

杰罗劝阿爹不要吃人肉、喝人血，不料被阿爹赶出家门，只好逃到贝那热坝子。贝那热是不兴吃人的好地方，个个种田种地、纺线织布，有吃有穿，日子过得很好。杰罗在这里学会了各种本领，姑娘们都看上了他，和他最好的是个独姑娘。

杰罗在贝那热住了十年，到第十个年头时回到了家乡，决心除掉吃人、害人的阿爹。此时的阿爹已经老了，牙齿磨秃了七层，眼睛看不到一尺远，力气只有小鸡一样大，知道杰罗回来，就叫他：“儿子，赶紧帮我捉吃的，阿爹老了，干不赢他们了。”杰罗说：“好，好，阿爹，你出来坐在这棵大树底下，等我把他们拖来给你一个一个地吃！”阿爹说：“哦，不要一寨子地拖来，你今日拖一个，明日拖一个，日日有人肉吃就得了，你去吧，阿爹坐在大树脚下等你。”

杰罗没走多远，见阿爹坐在大树下面，就拿出贝热的箭，“嚓”的一箭，射进了他的大嘴里，他的大嘴巴再不会吃人了。他又“嚓嚓”两箭，射进了他的眼睛，两只眼睛再也瞧不见东西了。他又“嚓嚓嚓嚓”四箭，射进了耳朵、鼻子，阿爹再也听不见人的哭声，再也闻不见人肉的味了。最后，杰罗又“嚓”的一箭，射进阿爹的肚脐眼，把他射死了。

一寨的哈尼人推举杰罗为头人，杰罗立下规矩，以后不准吃人肉了，哈尼的日子好过起来了。后来，妹子杰姒长成了大姑娘，杰罗把她嫁出去，按照哈尼的古规，出嫁的姑娘不能来分祖传的家产，所以杰罗对妹子说：“大田不能分给出门上路的姑娘，分给了你，哥家的庄稼就会得翘脖子病；最宝贵的水牛也不能分给你，那是我们发家的宝贝；蘑菇房也不能分给你，那是祖先的灵魂居住的地方。妹子杰姒啊！你要分也只有分一只黑狗给你，狗会给你带来福气，鬼也害怕听见它的叫声。”

杰姒气不过：“好，等着瞧吧，你这个呆子杰罗！”她抱起黑狗来到大田里，在狗尾巴上绑起扫把，点起红红的火把，黑狗被烧得怪叫，在田头跑了一圈，在田尾跑了一圈，满田满坝的庄稼被烧成一片灰炭。从此哈尼的田里出了枯焦病，秋天来到的时候，有许多谷子不会饱满，人们背回三背谷子，只舂得出三碗红米，饿神的脚走进了哈尼寨子。

---

① 摘自黄绍文主编：《哈尼梯田民间传说故事集》，256 页，昆明，云南人民出版社，2016。

② 东仰：地名，大致在今绿春县。

③ 咪达聪奎：聪明姑娘。

杰姒做尽了坏事，遭到天神的惩罚，她嫁过十个男人，没有一次过得顺心。杰姒一回到家里，就跟守家业的哥说："你这个坐在蘑菇房里吃烟筒的呆子，应该把祖先传下的家业交给我啦，这回该你走了，你也去嫁人吧！到你去给人家当媳妇的时候了！"杰罗说不过她，只好离开家，又回到贝那热寨子，和贝那热头人的独生姑娘做了一家人，日子越过越好啦！

杰姒在家里不栽田、不种地，天天吃肉、喝酒，过了几年，穷得只剩下一根祖传的拐杖，这根拐杖是当头人的阿公阿祖们留下来的，她拄着这根祖传的拐杖来到贝那热讨饭吃。"你这个老鼠一样贪吃的杰姒啊！我已经把祖传的家产都让给你了，栽满金谷的大田留给了你，宽大的房子留给了你，山坡上大群的牛马留给了你，我被你撵出门的时候，没有背走一颗米，没有拿走一根牲口的细毛，你样样都有了，还来找我做什么？丢脸的女人啊！赶快走吧，不要留在这里做让人开心的笑料。祖传的拐杖也不能让你拿着挣脸面了，祖先的脸上已经被你用牛屎糊起三层，留下你的拐杖，用你干柴一样的双脚逃命去吧！"阿哥说。

杰姒听了这些话，只好留下祖传的拐杖，像雀鸟逃开老鹰一样逃出了贝那热坝子。她走出杰罗家的时候，顺手拿走了立在杰罗家门后的一根棍子，这根棍子不是一般的干柴火，而是一根神奇的棍子，是天神送给贝那热头人的木杖，它不是金子打的，也不是山上砍来的，它是天神烟沙的姑娘在天河的岸边砍来的，拿着木杖，有话可以上天去说，有理可以到天神家里去讲。

狡猾的杰姒还牵走了阿哥的快马，又抱走了贝那热头人的衣裳，她穿起这件长衣，骑着高高的大马，拿着木杖，装成贝那热头人的样子，走过一处，就向哈尼人摊下数不尽的捐税，走过一处，就向哈尼人要吃不完的酒肉。

哈尼人再也忍受不住，识破了这个假冒的头人："嗬嗬！骑着大马来收钱、收粮的人，你不是我们的头人，我们的头人心像水塘的水一样平，你的心比最尖硬的刺还尖！"哈尼人再也不会给她一口水，站在寨边的小娃用石头像下雨一样打她，她的大马受了惊吓，甩下她，跑进了大山里去啦。

杰姒没有办法，只好拉着木杖爬上东仰的高山。她来到东仰的时候，是天干的三月，三月是哈尼人最忙的季节，她来到一块大田边，看见唱着山歌栽秧的一群姑娘。她说："低头栽秧的姑娘啊，快抬起头来听我说话，我是东仰至高无上的头人姑娘，我从呆子杰罗家里逃出来，口渴得像十个火塘在嗓管里面烧，你们不要栽秧了，赶快去给我背龙潭的甜水来解渴！"

栽秧的姑娘们头也不抬，一面栽一面说："我们在大田里辛苦了一天，连田里的浑水都忙不得喝一口，哪里有工夫给你去背龙潭水？"

杰姒恶狠狠地说："你们在大田里头也不抬地栽秧的七十七个姑娘，好好地听着，你们不肯背龙潭的甜水给我喝，我要你们的大田里长满永远除不尽的牙齿草，到了四五月间薅秧的时候，要给你们薅掉十个手指头。"杰姒一面骂，一面抹下田边的柳树叶撒进大田，从此大田里长出了薅不完的牙齿草。

杰姒又爬上了东仰高山，看见一群撒荞子的伙子。"山上撒荞子的伙子哥，你们是不是背着吃水的葫芦？是不是背着撒荞吃的晌午？背着葫芦就给我喝一口，带着晌午就给我吃一嘴。"

伙子见她说得这样甜，没有认出她是最恶的杰姒，就拿出晌午，递过葫芦说："远处来的阿姐，我们撒荞人的葫芦水再少，也够浇熄你嗓管里的大火，我们撒荞人的晌午再苦，也够填满你肚子里的空处，你爱喝就多喝一口，爱吃就多吃一嘴巴！”杰姒吃过、喝过，又说：“你们对我这样好，我要给你们说一说撒荞的好处。高山撒荞的七十七个伙子呵，你们撒下的荞子，让它三个月就熟，你们播下的荞子，我要让你们不薅草就得吃。”杰姒说过这样的话后，荞子就熟得快，三个月就结出荞子，一把草也不薅就得吃。

杰姒来到东仰高山上，来到淌着十二条瀑布的老崖石底下，来到淌着清清的泉水的龙潭边上歇气。她把木杖插在龙潭边上，拨开水上的枯叶喝泉水，拨过的水面一圈一圈地扩大，变成了望不见边的东仰大田。

等她喝饱龙潭里的泉水，转过头来拿木杖时，木杖长出了三条粗粗的根，转眼的工夫，这根木杖变成了一棵树，这棵树见风就长起来，杰姒一见，吓破了苦胆，掉进龙潭水里淹死了。

这棵树就是老人们说的“嵯祝俄都玛佐”（遮天树王）了。这下苦难来到人间，望不见田头田尾，耙田耙地，耙死了九条水牛，放牛放马，跌死了九牛九马，因为耙田的水牛撞在田埂上，吃草的牛马滚下了崖子。

人不吃饭不会在呀，田不种地不栽不会过呀，哈尼人没有办法，只好打起松明火把，照亮栽田种地。他们在牛角上绑起火把犁地，在羊角上点起灯笼耙田，日子长了，牛角上烧出了九道刻印，羊角烫成弯弯的老藤，它们后辈子孙的角就生出了洗不掉的刻痕，生出了扳不直的弯角。

七十七种民族还不相信：“唔，不是不是，恐怕是太阳神约罗睡死了，恐怕是月亮神约白没有睡醒，天才会不亮，地才会不明，一棵树再大，怎么能遮得住天和地呀？不信不信，要瞧瞧去！”

七十七种民族先叫会上树的猴子去瞧：“兄弟，你生得这样细手细脚的，在树上走，就像我们在地上走，老实快当了，你去瞧去。”猴子答应一声，跳上树去。它去了一天不下来，去了两三天还是不下来。

去了三天，蜜蜂下来说：“阿波阿皮，树顶上有太阳，树头上有月亮，你们用弩箭射通一个洞，就看见了！”

七十七个民族又拢在一起商量射树的事情：“要射通遮天树王的树顶，要有最好的弩弓，要最好的弩箭，母鸡人①阿嘎，你的弩弓造得最好了，赶快出来造。苦聪人②阿惹，你的弩箭造得最好了，赶紧出来造。艾乐人③厄赫，你的弩箭法最好了，赶紧出来射吧！”

母鸡人阿嘎造好了最硬、最有力的弩弓，苦聪人阿惹造好了最直、最快的弩箭，艾乐人厄赫“嘎滴哩”一箭射上去，射落了遮天树王的一片大叶，叶洞里照进了太阳，叶洞里照进了月亮。

七十七种民族喜欢了：“啊——太阳没有睡死哩，月亮没有睡着哩，是遮天树王遮住了光亮！啊——天底下的人，赶快来砍树了，赶快来集中了！”

几千几万个人围着大树砍，几千几万个人手不停地砍，几千几万个人气不歇地砍，砍树的声音传

① 母鸡人：彝族的一个支系。
② 苦聪人：拉祜族的一个支系。
③ 艾乐人：哈尼族的一个支系。

到了神住的宫殿，把他们的耳朵震聋了。

可是白天砍进了三拃，夜里又长出了五拃，夜里砍进了三拃，白天又长出了六拃，砍多少次也砍不断。砍过三天三夜，大家说："这样砍的，越砍越长了，砍树不能乱砍，要认准树脖子砍。"

七十七个民族说："瑶哥，你天天在老林里和树做伴，树脖子你该认得出来了，你砍大树只一举三刀，砍过的树再大也从来不会再发，赶快来认遮天树王的脖子在哪里！"可是瑶人阿哥也认不出来了！

人们只好请飞鼠来认，飞鼠答应了，可是它跳上树去就下不来。人们又请竹鼠来认，竹鼠也上去不下来。请过十种动物，十种动物都不下来了。人们最后请来说话声音最大的鹦鹉，鹦鹉上去了，过一小会儿，飞下来说："嗬，嗬，阿波阿皮，遮天树王的脖子认不得，遮天树王砍不得，哪个砍，哪个活不成。"

有一天，砍树的人在大树脚睡着了，睡到半夜三更，听见两个鬼在说话，老鬼说："小娃，这些砍树人老实憨，会砍树的人一个也没有。"小鬼问："阿波，要怎样砍才砍得倒？说来我听听。"老鬼说："不要看树大，只消在刀口抹上溏鸡屎，又拿藤子勒住树的腰，砍一刀就进一刀，砍十刀就进十刀，千千万万刀砍下去，树就倒了！"砍树人叫拢七十七个民族，说："树脖子会认了，砍树也会砍了，快点去割来九山的能海藤，拴住树腰，去拿来九寨的黄鸡屎抹在刀口上，这样砍，树就砍倒了！"遮天树王被砍倒了，轰隆隆倒下来的时候，树尖挂断在月亮上，从此就留在那里，那就是"梭罗大树"。遮天树王倒了，从此世上再也没有不见光明的日子了。

讲　　述：朱小和
搜集、整理：史军超　　卢朝贵
搜 集 地：元阳县
编　　辑：黄绍文

民间传说故事

三种能人的出世[①]

在遥远的古代，在大神烟沙家的房子背后，有三块四角四方的大田，是能生出千百样神物来的大田，是大神烟沙亲自耕种的大田。上头一块大田是最白、最亮的大田，中间一块大田是最花、最亮的大田，下面一块大田是最红、最亮的大田。

有一天，太阳神约罗还没有起身的早晨，天神俄玛召集了所有的天神，对他们说："我亲亲的儿孙们，世上的哈尼人盼望着三种能人出世，就像盼望太阳神对他们微笑一样，我们要把三种能人种出来，让他们早一点到哈尼人里面去。"

天神俄玛趁月亮神约白还没有睡去，叫她点着月亮的明灯，来到烟罗神殿的最高一层，她打开一口白宝石箱子，提出一斗白白的种子，打开一口花宝石箱子，撮出一斗花花的种子，打开一口红宝石箱子，撮出一斗红红的种子，趁着播种季节到来的时候，在那蒸糕一样松软的三块大田里，把三种三样的能人种子播了下去。白田里，播下一斗白白的头人籽种；花田里，播下一斗花花的莫批籽种；红田里，播下一斗红红的工匠籽种。

人种播下七天后，天神俄玛来到田里看田。她先到了白田里，看见头人的庄稼已经成熟，收上来打打，打得三斗。第一斗是上等头人的种，第二斗是中等头人的种，第三斗是下等头人的种。

天神俄玛又到花田里去看，莫批的庄稼也成熟了，收上来打打，也打得三斗。第一斗是头等莫批的种，第二斗是中等莫批的种，第三斗是下等莫批的种。

天神俄玛又到红田里去看，工匠的庄稼也成熟了，收上来也打得三斗，第一斗是上等的工匠，第二斗是中等的工匠，第三斗是下等的工匠。

"三种三等的人种各有各的分工：头等头人是撑着大伞的人；二等头人是身披红袍的人；三等头人是脚穿长靴的人。三样头人出来，打伞的头人在前，穿红袍的头人走在中间，穿长靴的头人走在后边。"

"头等莫批是拿着羊骨头的人，是吃羊肉又得羊脖圈的人。中等莫批是念经送葬的人，是吃九根牛筋巴骨的人。下等莫批是念咒退鬼的人，是吃一只鸡翅膀、一只鸡大腿的人。三样莫批走出来，吃羊肉的走前边，吃牛肉的走中间，吃鸡肉的走后边。"

三样的工匠嘛，你们只消看他拿着什么工具就认得了：头等的工匠是手艺最高的人，是站在铁匠炉边干活的人；二等的工匠是盖房子的人，是站在木马架边干活计的人；三等的工匠是做银泡的人，是做百样手艺的人。三样工匠走出来，拿铁锤的走前边，拿斧子的走中间，拿小锤的走后边。

天神俄玛拿着三样三等的能人种，来到了哈尼先祖诞生的虎尼虎那高山，把这三样人种播到了三座山坡上。

三个能人出世了，他们走下了虎尼虎那高山，来到哈尼大寨边，出来接待他们的是三个年老的阿波。

---

① 摘自黄绍文主编:《哈尼梯田民间传说故事集》，77 页，昆明，云南人民出版社，2016。

三个阿波说："远方来的人，你们为什么来到哈尼的寨门前？"

三个能人说："我们是天神种出来的能人，我们要来把哈尼人的大事、小事掌管。"

三个阿波笑了，说："嘀嘀，你们是天神种出来的能人，为什么不到天神的寨子里去？哈尼人没有你们，也活过了千年百年，去吧，到天神那里去吧，哈尼人不要你们。"

三个能人只好回到虎尼虎那高山，坐在山坡上叹气。

天神烟沙路过这里，看见三个能人愁眉苦脸地坐在那里，忙问："哦哟，能人们，你们为什么不到哈尼寨子里去掌事，怎么坐在这里叹气？"

三个能人说："阿波烟沙，我们到了哈尼寨门前，三个老阿波说，哈尼不要我们呢。"

天神烟沙找到三个阿波，问他们："哈尼，能人来到寨门前，又撵他们走，这是为什么呀？"

三个阿波说："天神烟沙，我们要他们做什么？我们的大事、小事，都有聪明的老人主掌，没有他们，我们还不是一样好了。"

天神烟沙说："哈尼呀，没有头人不会在、没有莫批睡不稳觉，没有工匠不会做活计，三个能人一个不要，你们不要做后悔的事情哩。"

"世上的哈尼，头人不在一日，一家的十个姑娘吵架，劝架的是哪个？一家的十个儿子分家，做主的是哪个？没有头人的一天，一寨的十条水沟要挖，哪个来主事？一寨的十条大路要修，领头的是哪个？不要头人的哈尼呀，百样千样的是非，哪个来断？"

"哈尼啊，莫批不在一日，阿爸病倒在床上，哪个拉他起来？阿妈睡倒在床上，哪个扶她起来？莫批不在，寨子外面的鬼来作乱，撵鬼的是哪个？寨边的鬼来打扰，驱鬼的是哪个？百样千样灾难降临，哪个来祭神献鬼？到了祭祀祖先的日子，哪个来念祭词？"

"哈尼啊，工匠不在一日，一寨的锄头挖到锄耳，来修的是哪个？一寨的砍刀砍齐刀把，来修补的是哪个？没有工匠打铁，高山的小树长成大树，难道用手去拖？矮山的尖刀草长到齐人高，难道用嘴去啃？做活的哈尼，没有合心的工具怎样做？贼人来攻打寨子，没有大刀怎样守寨？"

哈尼去请三个能人回来。请头人要选好日子，三个阿波选在属羊这日，提着红冠子、花尾巴的大公鸡，背着三大筒米酒，喜喜欢欢地去了。

哈尼又去请莫批，请莫批的日子是在第二轮的羊日，三个阿波背着大牛的九根肋巴骨，背着尖尖的一升米去了。

哈尼又去请工匠。三个阿波撮满大大的一斗好谷，提着满满的一葫芦米酒，拿着新新的一块好布去了。

三个能人走进哈尼大寨的大门后，一寨的哈尼人欢声笑语。

讲　　述：朱小和　杨批斗　麻浦成
搜集、整理：史军超
搜 集 地：元阳县
编　　辑：黄绍文

三、鱼形纹样的寓意与民间传说故事

哈尼族女子的银饰品里常见鱼形挂饰和鱼形纹样，鱼在哈尼族的意识里是传播物种的神物，是繁衍下一代，子孙生生不息的象征。哈尼族服饰中的鱼形纹以鲤鱼为主，都用银质品做成，通常都是具象的造型。哈尼族服饰中的鱼形纹主要以珠链的形式缀在上衣的前襟、腰带、帽子等部位，有的鱼形图案下端挂有若干条银铃铛或银质的三角体。有的鱼形图案只有鱼头部的形态，这是出于整体构图的需要。豪尼支系、碧约支系、白宏支系对鱼形图案的运用较为普遍。

哈尼族古歌《烟本霍本》中讲到，哈尼族的祖先是一条大鱼，它生出了天和地，天地又生了万物。哈尼族服饰中鱼形图案的使用，表达了哈尼族对祖先的怀念、热爱，在一定程度上体现了生殖崇拜，鱼、鱼头代表着生生不息的意思。

元阳县哈尼族糯比支系女子身上的大圆盘上面装饰了四条鱼形纹样 | 袁爱莉　摄

红河县哈尼族弈车支系服饰银饰品中的鱼形纹样 | 袁爱莉 摄

在胸前挂上繁复的银饰品是哈尼族女子服饰的特色，其中具象的鱼纹样非常常见 | 袁爱莉 摄

民间传说故事

神的诞生[①]

这是最老、最老的老人也难以记起来的时候。抬头望望上面，头上没有天，低头看看下面，下面没有地。上上下下是一片雾蒙蒙的黑气，前前后后是一片汪洋大海。雾气像一口硕大无朋的大锅，扣在平坦坦的大海上。

这时候，天神和地神都还没有出世呢，月亮和太阳也还没有呢，万事万物都没有呢。整个世界空洞无物，无边无际的空间空落落的，没有一点点动静，安静得令人恐怖。

只有一条金鱼，名叫金色的母鱼，就是生下天地、神灵的鱼娘。

鱼娘一醒过来，把右鳍一扇，黑黑的雾气渐渐地散去，蓝汪汪的天就露出来了。鱼娘把天留给天神来居住。过了一些时候，鱼娘再把左鳍一扇，茫茫大海一落千丈，黄色的土地露出来了。鱼娘把地留给地神做家乡。鱼娘把右鳍一扇的那一天就是天的生日，鱼娘把左鳍一扇的那一天就是地的生日。

这天，不是人在的天；这地，也不是人在的地。鱼娘生出来的天有三层，是给天神居住的。鱼娘生出来的地有三层，是给地神做家乡的。

鱼娘从鱼鳞里抖出一对大神来。先出来的是太阳神约罗，头戴着金冠，是阿姐；后出来的是月亮神约奔，头戴银帽，是阿弟。他们一出来，双双牵着手就飞上了天空，既歌又舞，凸显着自己修长的身段，展示着自己嘹亮的歌声。真正的日月同辉真是美得不得了。一个火辣辣的像团火，一个白白的像块玉；一个奔放，一个沉着。姐弟俩喜喜欢欢地飞到天空的远方去了。

鱼娘背上的金色鱼鳞一抖，金光把天地照亮，万霆雷声响过，出来的是天神和地神，她们都是高能的女神。天神叫俄玛，身着浅蓝色衣裙，上面镶嵌着星星点点的珠宝，双手舞弄着彩色飘带，且歌且舞着飘向高高的三层天。地神叫密玛，身着浅绿色衣裙，长得富富态态，喜眉笑眼地回到三层地去了。

紧靠鱼娘细腰和鱼尾的地方的鱼鳞抖动起来了。一阵金光和雷霆之后，跳出了一对大神。他们就是有名的人神，男大神叫烟蝶，女大神叫蝶玛。在没有生出人种的时候，他们没有什么事情做，就一直在天上游逛。

天是生在属鼠的日子里，地是生在属牛的日子里。在哈尼人的属相里呢，老鼠是最大的一个，因为它教会了人类栽种谷粮。天是最大的地方，老鼠是最大的属相，天的生日在属鼠的日子真是天衣无缝啊！牛的功劳最大，为了补天补地，神牛的骨血洒遍四方，神牛的功劳世世代代不能忘。

诸神诞生的故事是这样传说的：天神俄玛生出来烟奴，这是一个极其美丽的姑娘，与她同生的还有她的姐妹，高能的玛奔姑娘。流传至今的十二种古规古礼，就是她们俩站在神殿的门槛上传下来的。

俄玛生下来许许多多的大神，直系子孙分布在四面八方。尊贵的天神俄玛还生下许许多多的地神，

---

① 摘自黄绍文主编：《哈尼梯田民间传说故事集》，3 页，昆明，云南人民出版社，2016。

一个个从外形到内里个性分明，各有各的能耐，各有各的本领。众神分工不同，各司其职，掌管天地之事。先祖觉涅生下来后代，这就是出名的涅最，这是第五代先祖。涅最也不是一个人的名字，而是指生着鬼脸的群体。不过，涅最比窝觉进了一步，涅最群体有了鬼王。这涅最和窝觉一样也是一窝一伙地过时光，但是他们的身子像雾露一样轻，手脚像云彩一样软。风轻轻一吹，他们就在天上飘荡；雨轻轻一下，他们就在半空中游晃。他们自在倒是自在，只是像死去了一样。到了六代直乌，先祖才活了起来，生下无穷个活物，世界上逐渐有了生气。到了第七代乌突的时候，先祖们会蹲起一点点，胆子大一些的就想站起来，还没有站稳呢就摔倒在地上。他们一个个坐起来发愣，认不得这是什么道理。他们只好蹲着来走路，两边拄着巴掌。八代先祖生下来了，名字叫突玛。突玛比乌突能干得多，站也会站，走也会走，只是站得不稳，走得摇摇晃晃。他们死过九回，又生过九回，总算站着越来越直了，走着越来越稳了，可惜他们还是些憨人，一样事不会做，一样事不会想。

时间慢慢地过去了，第九代玛约老了，像大树倒在大坡上。大树会生出小树，九代玛约也留下了第十代先祖，名字叫约涅。约涅还是人鬼不分的先祖，但是习惯了把洞当房子住。

讲　　述：朱小和
搜集、整理：史军超　　卢朝贵
搜 集 地：元阳县
编　　辑：杨惠林

四、三角纹样的寓意与民间传说故事

哈尼族服饰图案的三角纹除了运用布贴、刺绣工艺外，还大量使用银质的三角形进行装饰。三角纹在哈尼族文化中具有重要的地位，有着丰富的内涵，从地理环境角度看，寓意“住在山上的民族，即哈尼族”，代表着哈尼族赖以生存的梯田；从民族历史角度看，代表迁徙途中的高山壑谷。哈尼族奕车支系帽饰上的三角纹样，代表祖先迁徙时走过的艰难道路。元阳地区的三角纹样曲折迂回，象征哈尼梯田，也表示祖先迁徙走过的曲折道路。哈尼族是一个迁徙民族，迁徙史诗《哈尼阿培聪坡坡》《哈尼先祖过江来》《普嘎纳嘎》等，记载了哈尼族迁徙的艰辛过程。哈尼族虽然没有文字，但是他们在服饰中用三角纹来表达对祖先崇拜和怀念的感情。

红河县哈尼族奕车支系帽饰上的三角纹样，代表祖先迁徙时走过的艰难道路｜袁爱莉　摄

元阳县哈尼族糯比支系服饰上的三角纹样曲折迂回，象征哈尼梯田，也表示祖先迁徙走过的曲折道路｜袁爱莉　摄

民间传说故事

大雁引领的家园“诺玛阿美”①

自从害病的魔鬼来到哈尼人的家乡惹罗普楚，人和牛、马、鸡、鸭一天一天减少，高能的头人阿波就不得不领着哈尼人搬家了。搬家的路实在艰难，男人的脖子上骑着细脚杆的小娃，背上背着又深又大的背篓，手里牵着牛绳、马绳，女人怀里抱着吃奶的婴儿，背上背着煮饭的土锅，连阿奶弯弯的背上、阿爷瘦瘦的肩头，也背满、扛满了石头样重的东西。

先祖们走过数不清的大山，涉过数不完的大河，走过的路比千年的老藤还弯，踢掉了脚上的十个趾甲，还是没有找着一块好地，人人都走不动了，头人阿波只好叫大家停下来歇气。这时候，从队伍里走出七个小伙子，他们走到头人阿波面前说：“阿波聪莫，嫩牙的麂子跳得过十米宽的大崖，请你派我们去寻找合心的好地吧！”头人阿波点了点头，七个小伙子就脸朝七方走了。

三天以后，七个小伙子当中有六个回到大队休息的地方，一个也没有找着适宜哈尼人生儿养女的好地。到第七天，朝南走的小伙子才回来。大家一看，都认不出他来了：身上穿着被染黑了的新衣，前后挂满了雪亮雪亮的银饰，小伙子笑眯眯地对人们说：“阿波阿皮，赶快背起背篓、牵起牛马跟我走吧，最好的地方被我找着了！”

“我顺着山尾朝下走，走了三天三夜，一块平地也没有见着，一股泉水也没有找到，携带的饭团只剩下一个了，把尊敬的天神烟沙骂过三道，也不给哈尼人一个歇脚的地方，然后在大山顶坐下来，想吃掉我的饭团，就回到你们身边。”小伙子喘了口气，又接着说，“这个时候，天上刮起了大黑风，水牛腰杆大的石头都被吹得滚动起来。我赶紧抱住最粗的大树，不停地对着老天认错，我大声骂自己昏了头，胆敢把大神烟沙咒骂，惹得他来惩罚我，我请发火的大神赶紧停住黑风，否则我的腰杆都要吹断了！”

“大神没有怪我，他连我的话都没有听见。阿波，不是他乱起大风！是大雁，轰隆一声，一只金亮亮的大雁落在我面前。这样大的大雁我做梦也没有见过：身子像蘑菇房一样大，脖子像最粗的万年青树干，一片一片羽毛像一匹棕叶样大，全身都像太阳一样发光。我既害怕，又喜欢。大雁一跛一拐地走了两步，对我说：‘阿尼，我的腿被山峰挂通了个洞，实在疼呢，你肯帮我治吗?’我说：‘我不是高能的莫批，怎么治得好你的伤呢?’它说：‘你拿饭团粘住我的伤口，不让它淌血就行啦。’我怕它疼得支不住，也顾不得肚子饿，拿饭团紧紧地塞在它大腿的洞洞上，可惜饭团太小了，只够塞一半，红彤彤的鲜血还是像泉水一样淌出来，大雁疼得闭起眼睛，一蹬倒在地上。‘然谷，你要拿衣裳帮它包起来啊！’衣裳、裤子都脱下来包了，可是洞还是塞不住，血还是挡不住哟！这个时候，大雁蹬蹬翅膀，翅膀一扇扇，它就死啦！我急得没有办法，赶紧拔出长刀，从自己腿上砍下一坨肉来，把伤口塞住了。”

① 摘自黄绍文主编：《哈尼梯田民间传说故事集》，103 页，昆明，云南人民出版社，2016。

说来也怪，刚刚塞好，大雁的伤口就好了，滑滑的，像没有伤过一样。大雁睁开眼睛，对我说：“阿尼，你为什么割自己的肉来治我的伤？”我说：“阿波，我见你疼得死过去才割的。”大雁眼睛里淌出颗眼泪说：“你真是个好心肠的人。拿饭团塞我的伤口，伤口要十天才会好，拿人肉塞我的伤口，眨眨眼睛就会好了，为了我，你吃了好多苦啊！”大雁一边说，一边抖动翅膀，哗啦抖出一根羽毛来。大雁对我说“披在身上吧，阿尼。”我把羽毛披在身上，全身上下都穿上了新衣裳、新裤子，大腿上的肉也长好了！大雁又问：“阿尼，你一个人孤孤单单地来这里做哪样？”我说：“来找哈尼人爱在的好地。”大雁说：“这里有一百座大山，九十九座都是光山；这里有一百块平地，九十九块都是石头地；这里有一百条河，九十九条都是干河。好山好水好地的去处只有一处，阿尼，我领你去吧！”我听见大雁这样说，扎实喜欢啰。大雁张开翅膀飞到天上，我紧紧地尾着它，像小牛尾着母牛那样走了。我们翻过九十九座光山，走过九十九块石头地，涉过九十九条干河，来到一座大山上。我听见大雁在头上，嘎嘎地叫了两声说：“阿尼，世上再找不着像哈尼这样好心的人了。记住，前面这块好地是我的家乡，我把它让给你们了！”随后，大雁扇扇翅膀，天空突然刮起了狂风，“嚓嚓”亮起两道闪电。我看着大雁头朝下，“哗”地向山下扎去，“轰隆”的一声，变成一个宽宽的大坝子！

等到走到山下一看，只见一条又宽又大的清水河哗哗哗地淌下来，淌着淌着，分成了两股，一股绕在这边山脚，一股绕在那边山脚，中间是一片又宽敞、又平坦、又肥又松的大平坝。阿波哦，上头那条天水就是大雁的头和脖子，分开两边的大水就是大雁张开的翅膀，中间的大坝子就是大雁的身子，大雁为了哈尼人，把自己变成好地方给我们在了！

为了纪念大雁，头人阿波把这个地方取了个好听的名字，这就是哈尼人都知道的有名的“诺玛阿美”，是哈尼人永远也忘不了大雁恩情的好地方。

头人阿波带领哈尼人渡过了大浪波涛的诺玛河，走上了平平的诺玛平坝，从此哈尼先祖就在这块土地上建立了新的家园。

诺玛阿美真是神赐的好地：宽平的坝子上，青草长得像小树样高壮，大群的马鹿、麂子天天来和哈尼的牛羊做伴，叽叽嘎嘎的竹鸡和野鸡时时来和哈尼的鸡鸭合群，肥肥的土地上开满彩霞一样的野花。哈尼祖先在诺玛山上安下了神圣的基石，在诺玛坝子里盖起了三层的蘑菇房，开出了一块块大田，种上了谷子和玉麦。哈尼族传统说唱“哈巴”这样唱道：“好在的诺玛阿美哦，像挂在梁上的腊肉一样肥。一蓬红米收得九碗，一蓬芋头挖得九背。母马一胎生两匹小马，母羊一胎生一双小羊。阿妈生下的双胞小娃，一边一个坐在阿妈手上。”

讲　　　述：朱小和
搜集、整理：史军超
搜　集　地：元阳县
编　　　辑：黄绍文

五、犬齿纹样的寓意与民间传说故事

犬齿纹样是哈尼族服饰特有的纹样，也是各地哈尼族使用最为普遍的绣饰图案，犬齿纹主要运用在袖口、衣摆、护腿套等部位。犬齿纹即“狗牙齿”变形的纹样，以“犬齿”为装饰的习俗与狗能驱邪的观念分不开，犬齿纹具有辟邪防鬼害的含义，是一种图腾崇拜的纹样。哈尼族建寨必拖狗，滴狗血划定村寨的界限，即人鬼的界限。此外，哈尼人传说故事《猫、狗、老鼠和五谷的传说》《尝新先喂狗》《狗找伙伴》《十二奴局》，讲述了狗帮助主人找回五谷的艰辛过程。如今，有些哈尼族仍保留不食狗肉的习俗，家狗死了，要择地厚葬。

西双版纳傣族自治州哈尼族阿卡支系脚套上的犬齿纹｜袁爱莉 摄

西双版纳傣族自治州哈尼族阿卡支系女子挎包上的犬齿纹｜娄世民　摄

西双版纳傣族自治州哈尼族阿卡支系女子帽子上的犬齿纹｜娄世民　摄

民间传说故事

尝新先喂狗[1]

传说人们还不会开田种地时，五谷由天上的天神莫咪掌管，人们饿了，就用山茅野菜充饥；冷了，就用树叶、兽皮蔽体。

地上的人们无衣无食、饥寒交迫的凄惨情景，被天上的莫咪然密[2]看到了。莫咪然密是一位聪明、贤惠、心地善良的美貌姑娘。她看见凡间的人们整天忙忙碌碌地东奔西跑，到头来还是过着没有衣穿、没有饭吃的苦难日子，再也看不下去了。回到家里，莫咪然密就对莫咪说："阿爸，我们在天上有七十七种谷物，吃饭、穿衣都不焦不愁，但是凡间的人却在过没吃没穿的苦难日子，处处儿啼母悲，就是铁石心肠也不忍心再看下去啊！"说到这儿，莫咪然密的眼泪流下来了。她见莫咪不吭声，就试探着说："阿爸，如果我们把天上的谷物种子送点给人间，让人们都能像我们天上一样，人人得到温饱，那多么好啊！"想不到莫咪听完她的话却板着脸，冷冰冰地答道："女儿，凡间的人们必须再等三年，才能得到这七十七种谷物的种子。""还要再等三年？"莫咪然密一听，脱口反问了一句。莫咪不高兴她的冲撞，狠狠地瞪了她一眼，然后说："这种事情不是你姑娘家该管的。我可管不着人间是温饱还是冻饿，我只晓得服从天规天条。"

几天后，莫咪然密为了解救人间的痛苦，偷偷地把几袋谷种带到人间，把稻谷种子分给了人们，还教给人们播种稻谷的方法。遵照她的指点，布谷鸟叫了，人们就忙着挖田开沟。阳雀叫了，人们就赶着翻田犁地、撒播稻种。燕子飞回来的时候，人们就起早贪黑忙碌着，把稻秧移栽到精心犁耙过的田里。俗话说："一日春功十日粮，十日春功半年粮。"工夫不负有心人，雨季快要过去的时候，天气渐渐凉了，鱼雀快要叫了，人们就开镰收割了。燕子朝南方飞走的时候，人们就动手翻犁田地，开挖新的田地，为下一年收获做好准备。

后来，莫咪见到女儿违反了自己的旨意，把稻种偷给凡人栽种，不由得火冒三丈，当女儿返回天上时，莫咪就把她抓起来，吊打了一顿后，又把她送进天牢里。为了让凡人都能吃到五谷杂粮，都能穿上棉花织的衣服，莫咪然密想方设法逃出了天牢，一不做二不休，干脆把另外七十六种谷物种子也偷了，带下凡间来教人们栽种，还教人们纺纱、织布、做衣服。从此，凡人才过上人人有衣穿、个个有饭吃的好日子。

莫咪发现女儿又下到了人间，一再触犯天规天条，就把她抓回天上，吊起来狠狠地打了一顿，大骂说："你这个大逆不道的姑娘，屡犯天规天条，竟把天上的谷种偷给凡人，并教凡人栽种。你这样喜欢凡间，就罚你下去和凡人住在一起好了。从今以后，永世不准返回天上来！"说完，就把她罚变成一条母狗，去帮人们看门守户。

---

① 摘自黄绍文主编:《哈尼梯田民间传说故事集》，155 页，昆明，云南人民出版社，2016。

② 莫咪然密：天神莫咪之女。

从那时候起，哈尼族人每逢初秋季节，把第一批稻谷收割回来后，都要杀鸡猪，煮上新米饭，欢度尝新米节。过节时，在吃饭前，每家都要舀一碗新米，先给家里饲养的狗吃，表示哈尼人永远不忘舍己为人的莫咪然密。

搜集、整理：马识道
搜 集 地：金平县
编　　辑：王　馨

民间传说故事

猫、狗、老鼠和五谷的传说[①]

远古的时候，大地上遍地长的是谷子，人们不用种庄稼，过得衣食不愁，安居乐业。有一年，天降大雨，大地上洪水滔滔，世界变成一片汪洋，牛、羊给卷走了，谷子也被淹没了，除了人和猫、狗，世上再也没有会动的东西存在啦！

饥饿难当，人、猫和狗凭借自身的本领，互相帮忙，大家聚在一起相依为命，到大山里摘野果充饥，这样度过了一年又一年。

一天，猫和狗商量，要上天去讨谷种，可不知道路从哪里走。它们把主意告诉了人，人说："要上天就得找到撑天山。""撑天山在哪儿?"猫和狗问道。

"朝着太阳升起的地方往前走，走七七四十九天，就可找到撑天山。不过，到撑天山要翻过八十一座大山，涉过八十一道大河，还要漂过一个大海，远着呢，你们能走到?"人摇了摇头。

"不怕！我们自有办法，我们一定要找到管谷种的天神，一定要把谷种找回来！"猫和狗出发了，它们不分白天黑夜，摘野果充饥，翻山越岭，渡河涉水，终于见到了茫茫大海。猫见大海波涛滚滚，有点胆寒。狗说："你不会浮水，骑在我背上，我驮着你走。"这样，猫骑在狗的背上，在海里漂浮了三天三夜，终于见到了一棵又粗又大的红柱子插在海中，伸进天里，这就是撑天山。撑天山没有花草和树木，只有红土和岩石，所以，远远望去，遍山通红。猫和狗顺着撑天山往上爬呀爬，终于上了天。

天上没有太阳，却到处都是亮堂堂的。它们在天上找到了管谷种的天神，说道："仁慈的天神，地下遭了洪灾，人畜没得吃的，请你给些谷种吧！"

"难得你们对人一片好心，不怕苦累，我给你们五谷种子，让人多收几样粮食。"管谷种的天神说罢，告诉它们到后面仓库里去取五谷种子。

猫和狗喜喜欢欢地跑到五谷仓库那儿，却见仓门紧闭，有只牛样大的老鼠蹲在仓门前打瞌睡。猫上去把它喊醒。老鼠问它们要干什么。猫和狗说明了来意，老鼠说声："不给！"又要闭上眼睛。猫气

① 摘自黄绍文主编：《哈尼梯田民间传说故事集》，162 页，昆明，云南人民出版社，2016。

得吹起胡子扑了上去，同老鼠厮打起来。狗也跳上去助战，老鼠体壮力大，却不灵活，猫和狗东跳西跑，老鼠拿它们无奈，斗了半天，猫和狗的肚子饿得“咕咕”叫，渐渐支持不住，猫被老鼠一口逮住了，老鼠正想往里吞，天神奥玛起来，把猫给救了。

奥玛从五谷仓里拿出鸡蛋样大的一个东西，交给猫说：“这叫五谷种子蛋，里面有九十九样作物品种，路上要小心带好。”

猫和狗点点头谢过了奥玛，高高兴兴地从原路返回。由于老鼠不给人类五谷种子蛋，违犯了天条，管谷种的天神把老鼠罚下人间来，从此，地上到处都有老鼠，据说，这些小老鼠就是那个大老鼠的子孙。这些老鼠专吃人的粮食，由于猫同老鼠有前仇，它一见老鼠就要吃它。

猫和狗带着五谷种子蛋下了撑天山，过海时，猫用嘴含着五谷种子蛋，爬在狗背上往回游。眼看到岸了，猫高兴得忘了自己口里含着东西，张口大叫，五谷种子蛋“扑通”一声掉进了海里。

猫闯下大祸，急得又哭又叫，狗气得直瞪眼。这时，从水里爬出一个水獭猫，猫立刻转忧为喜，跑过去问道：“大哥，我们的五谷种子蛋掉进海里去了，你见了没有?”

“那是你们的，早被鱼吞了，看在你我祖先的分上，我去把鱼抓来。”水獭猫说完，一个猛子钻进海里去了。过了一会儿，水獭猫拖了一条鱼出来，猫问鱼：“你吃了我们的五谷种子蛋，快吐出来还给我们。”

鱼说：“没有啊！我从没听说什么五谷种子蛋。”

水獭猫说：“它不认账，怎么办呢？把它肚子破开，看它认不认。”话音刚落，水獭猫和猫一起扑上去，把鱼给吃了，咬开肚子时，五谷种子蛋就滚出来了。

猫从没尝过鱼味，吃起来觉得又鲜又香，从此以后，猫最爱吃鱼。

猫和狗又带上五谷种子蛋，回到人间，把五谷种子蛋交给了人。

人从没种过五谷，拿着五谷种子蛋直发愁，管谷种的天神派奥玛来给人指点，告诉人们各种作物的栽种季节，从此，大地有了五谷。

由于猫和狗给人类带来了五谷，人为了感谢它们，每年新米上市，就要先让狗尝新，喂猫时，则要把鱼或干巴之类的东西作为报答。

讲　　述：沐发荣
搜集、整理：李灿纬
搜 集 地：墨江县
编　　辑：黄绍文

六、白鹇鸟纹样的寓意与民间传说故事

相传很久以前，一只美丽的白鹇鸟在树上栖身时，一位贫病交加的老人倒在大树下，于是它来回飞翔，四处找寻，用嘴衔来珍贵的草药给老人吃，老人得救了，白鹇才展翅飞向远方。

白鹇是哈尼族的吉祥鸟，传说哈尼族在迁徙中曾经为了躲避战乱仿照白鹇鸟全身衣着白色。哈尼族服饰图案中常见白鹇鸟图案，特别是绿春一带的哈尼族，他们把白鹇鸟图案与蝙蝠图案组合在一起，

元阳县哈尼族昂倮支系银饰品上的白鹇鸟图案 | 袁爱莉 摄

元江县哈尼族堕塔支系尾饰上的白鹇鸟图案｜袁爱莉　摄

绿春县哈尼族哈欧支系男子马甲上的白鹇鸟图案｜袁爱莉　摄

形成以蝙蝠为中心，白鹇鸟在两边的连续的对称纹样。哈尼族把白鹇鸟视为善良、吉祥的象征，对它怀有崇敬之情。哈尼族女子胸前的日月盘、围裙的花边以及男子马甲上都可见造型各异的白鹇鸟的纹样，哈尼族服饰中的白鹇鸟图案有吉祥如意的意思，表达了哈尼族对美好生活的追求和向往。

民间传说故事

感恩白鹇鸟①

哈尼族十分喜欢并感恩白鹇鸟，把白鹇鸟作为吉祥鸟、族鸟。

相传，很久很久以前，哈尼人过着半耕半牧的游耕生活。他们到处游走，寻找新的家园、新的牧场。那时生产力十分低下，人们过着半饥半饱的艰苦生活。有一次哈尼族到了一个新的地方，那里土地贫瘠，树草不生。哈尼人无法生活下去，头人就率哈尼人去寻找新的家园。他们扶老携幼，艰难地往前走，但到处是沙石，有土不长草，有河不淌水。他们走了几天几夜，所走到的地方都是一个样。此时哈尼人已经精疲力竭，无力再走了，饿死、病死不少人。头人索生眼看哈尼人就要死在这地方，伤心地痛哭起来。正在绝望的时候，一只高大、白色羽毛上有无数黑色花纹的白鹇鸟飞到头人脚下，接着从嘴里吐出很多黄豆粒，头人将黄豆粒一人一颗地分给哈尼人吃，哈尼人恢复了元气。白鹇鸟示意哈尼人跟随它走，它在前面一步一步地走，哈尼人跟着它一步一步地向前走，翻越无数的山，跨过无数的河，来到一个中间流淌着一条河，河两岸长满野花、野草，还有很多野生豆的地方，白鹇鸟停下来，哈尼人也跟着停下来。这时白鹇鸟展开双翅腾空飞走，而哈尼人留下来开垦这片土地。

这里水美地肥，种什么长什么，特别是黄豆，一棵豆树有人高。哈尼人先把黄豆煮熟吃，后做成豆豉吃，最后做成豆腐吃。从此，哈尼人过上了幸福生活，把这个地方起名为诺玛阿美。白鹇鸟引领哈尼人来到这个地方，哈尼人才生存下来，并过上幸福生活，于是就把白鹇鸟当作吉祥鸟、族鸟。

搜集、整理：马理文
搜 集 地：元阳县
编　　辑：孔　梅

---

① 摘自黄绍文主编：《哈尼梯田民间传说故事集》，287页，昆明，云南人民出版社，2016。

七、日月盘图案纹样的寓意与民间传说故事

日月盘是哈尼族的吉祥物之一，通常佩戴在妇女和儿童身上，里外两个圆，分别代表月亮和太阳，中间小的圆形突起代表宇宙中的星辰。日月盘上的四种物象和哈尼族人信奉万物有灵和自然崇拜有关。其中，鱼是造物神，原鸡是光明神，螃蟹是水神，青蛙是天气预报神。由于这些动物与哈尼人生命传说有关，故称其为“生命起源图”。①

元阳县哈尼族昂倮支系少女盛装龟甲衣前胸正中所挂大圆牌｜黄绍文　供图

① 参见黄绍文:《云南哈尼族传统生态文化研究》，98 页，北京，中国社会科学出版社，2013。

民间传说故事

太阳和月亮[①]

传说有一家哈尼人生了两个小娃，大的是姑娘，叫约白，小的是儿子，叫约罗，两个的生日都是属羊日，所以取名以“约”[②]开头。

有一天，约罗、约白的阿爸到山口打猎，妖怪变成只马鹿跳出来，约罗、约白的阿爸去撵马鹿，马鹿一直跑到老崖子下面，不见了。阿爸到处寻找，不料这个时候崖头上滚下来一块大石头，把阿爸砸死了。

妖怪砸死约罗、约白的阿爸，又来想杀他们的阿妈，趁阿妈进园子摘菜，一口咬住阿妈的嗓管，将阿妈活活咬死了。妖怪剥下阿妈的衣裳、裤子，穿起来，来骗约罗、约白。

约罗、约白等阿妈等到太阳落山、星星出来，不见阿妈回家来，等到半夜听见有人喊：“你们两姐弟快点开开门，阿妈回来了！”

两姐弟说：“你是我阿妈，把指头伸进来给我们摸一下。”

两姐弟摸了一下，说：“啊呀，这样戳，这样长，哦，你不是我们的阿妈，是妖怪，我们的阿妈手上没有这样硬、这样长的毛。”

妖怪缩回手去，把手指头的毛拔掉，又伸进来，说：“不是毛毛戳人，是我在园子地里拔草，刺戳在上面了，瞧瞧，这回拿掉了，滑了。”

两姐弟摸了一下，感觉湿淋淋、黏糊糊的，像是血，便对妖怪说：“滑倒是滑了，只是血淌出来了，我们的阿妈手上不淌血。”

妖怪又缩回手去，把手指舔干，说：“这回是了吧？”

两姐弟说：“还不是，我们的阿妈手指头上戴着金戒指呢！”

妖怪拿一根稻草裹在手指上，说：“唔，戒指也有了，开门吧！”

约白看着不像，而约罗不懂事，就要去开门，约白“啪”的一嘴巴打过去，约罗哭起来。

妖怪见两姐弟不开门，就扒开屋顶上的四角草顶，想从那里滑进去，不料它的一只奶掉下去，而另一只奶挂在上边，扯出血来也不顾了。妖怪进去以后，催促两姐弟赶快洗脚、洗脸，睡觉去。两姐弟在那里洗脚、洗脸，约罗洗干净了，约白就给他抹上锅烟子[③]。

睡到半夜，约白听见阿妈“嗒嗒嗒嗒”地吃东西，就问道：“阿妈，你吃什么？”

阿妈说：“没有吃什么，我到阿舅家拿得几颗干蚕豆，在这里嚼两颗。”

约白说：“也给我吃点。”

---

① 摘自黄绍文主编：《哈尼梯田民间传说故事集》，18页，昆明，云南人民出版社，2016。

② 约：哈尼语，指属羊日。

③ 锅烟子：相传妖魔鬼怪怕锅烟子。如今，哈尼人晚上出门时，往往仍按习惯在小孩的脑门头抹锅烟子，以示避邪。

妖怪递过来一只手。约白心想："原来吃我的兄弟了！"约白知道事情不妙，以去解小便为由，逃跑到寨子边，躲在一棵柿子树上。

妖怪撵了出来，说："快点下来，我的姑娘，你在那里干什么？"约白说："摘柿子吃。"妖怪说："也给我吃一个。"约白说："不过嘛，丢在地上就烂了。"妖怪说："我拿衣兜接着。"约白说："衣兜接就掉扁了。你老实想吃，就去把阿爸的长矛拿来，我爬到树尖上，把最红、最大的那个戳给你吃。"

妖怪把长矛拿来了，约白戳下一个最红、最大的柿子来，说："阿妈张开嘴，我放进去。"妖怪张开嘴，约白使力一戳，把妖怪戳死了。妖怪不死心，死后变成一蓬荨麻①，围住了柿子树，不让约白下来。

天亮的时候，路上来了一伙赶马的人。赶马人丢一张牛皮给约白，约白坐着牛皮滑下来了。约白顺着赶马人指给的大路，一直来到太阳出来的大水边，看见那里有一种草，一棵开七朵花，其中，红花亮出红光，白花亮出白光。约白摘下一朵红花，放在约罗手掌上，约罗就活过来了。

两姐弟永远离开受苦受难的大地，离开了有妖怪的地方，在天上做了夫妻，过好日子去了。白天太阳把大地晒软了，石头像蜂蜡一样化了，夜晚月亮把大江大海晒平了，到处都是枯焦焦的。

他们家的小狗就跑上天来骂："你们干下了会脸红的事情，还生下这样多的小儿，不是比妖怪还坏吗？"约罗、约白就把狗关在家里，不给它出去乱说，狗趁他们不在，就把那些小儿一个一个吃掉了。约罗、约白回来，见小儿一个也不剩，就哭起来，商量生小娃，狗见他们这样做，就不回世上来，专门等着吃他们生出的小娃。这样，吃小太阳的日子，太阳就黑，这就是日食；吃小月亮的日子，月亮就暗，这就是月食。

讲　　述：朱小和
搜集、整理：史军超　　卢朝贵
搜 集 地：元阳县
编　　辑：黄绍文

① 荨麻：一种多年生草本植物，全身长绒刺，一旦接触会扎人。

第七章　哈尼族服饰图案的审美特点与艺术特征

一、哈尼族服饰图案的审美特点

（一）哈尼族人与自然和谐相处的具体反映

哈尼族服饰图案的内容和题材主要表现大自然中的日月山川、花鸟虫鱼等动植物，具体分为几何纹样、花草图案、动物图案和民俗图案等。这些自然界的物体作为哈尼族服饰的装饰图案，无论哪一个支系的何种款式的服饰，都有它们的身影，哈尼族喜欢把自己和居住的自然环境融为一体。这些太阳、树木、河流、花草、动物等图案纹样是哈尼族居住的自然环境的真实写照，体现了哈尼族以自然为主体，融于自然的审美意识。

哈尼族戴在胸前的银币象征日月，黑色的服饰上点点滴滴的银泡象征夜空中的闪闪繁星，服饰边沿的五彩绣饰象征天边的彩虹。自然界的日月星辰、山川河流、草木花卉这些元素装饰在服饰上，表达了哈尼族对自然的崇拜和热爱。

哈尼族在千百年的农耕文化中创造了融森林、村寨、梯田、水系为一体的良性农业生态系统和梯田文化景观，体现了人与自然和谐、人与人和睦、人与“神”共处的古老而优秀的文化特质。

哈尼族服饰图案重要的美学特点是体现了人与自然的和谐统一。服饰图纹中的三角纹、折线纹、鱼头纹和鱼形纹等，是哈尼族认识自然的集中反映，是哈尼族改造自然的必然结果，表达了人与大自然和谐相处的特点。

（二）哈尼族神话传说和迁徙历史的忠实记录

哈尼族服饰图案再现了许多哈尼族神话传说，元阳县哈尼族昂倮少女的领褂，前胸用梅花银泡疏密得当地镶钉成日月形状的吉祥图案，钉在胸前正中的大圆银牌上铸有鱼、蛙、螃蟹、白鹇鸟等图案，称为“生命起源图”。在哈尼族神话传说中，这些动物是创世神话的主题，所以说哈尼人把创世历史戴在身上。哈尼族在迁徙途中为了躲避战乱，曾仿照白鹇鸟衣着，由此绣在衣服上和挎包上的白鹇鸟成为吉祥美好的象征，是哈尼人的吉祥鸟。图纹刺绣不仅仅表现了哈尼族的服饰文化特征，还扮演了另一个重要角色，即它再现了许多哈尼族神话传说、故事主题的符号，表现在服饰纹样或佩饰造型的主要有鱼、螃蟹、青蛙、田螺、白鹇鸟、燕子、牛等。[①]

哈尼族服饰图案反映着祖先迁徙的烙印。如元阳县哈尼族昂倮支系女子寿服的头饰，也叫寿帽，记录了哈尼族祖先上千年的迁徙史，整个帽边用彩色丝线绣有树形图案，代表着哈尼祖先的迁徙史，是为了让亡魂能沿此路线回到祖宗居住地。在寿服头饰上绣有象征三种能人的宝塔式图案，即哈尼族社会中的官、莫批、工匠三种能人，宝塔的尖顶象征官人，中间的十字架图象征主持宗教祭祀活动的莫批，最下面的十字架图象征工匠技能人员，密密麻麻的底层是平民百姓。有的哈尼族支系帽顶的圆形图案为天国，两边有梯子可达，帽后的缨穗长带象征天界、人间、地下三个层次。所以说，心灵手巧的哈尼女子始终把祖先的教诲牢记心中，并把它绣在帽子上，使得亡魂顺利到达祖先起源地。[②]

元阳县哈尼族昂倮支系女子寿服的头饰，也叫寿帽 | 袁爱莉　摄

① 参见黄绍文：《穿戴神话——哈尼族服饰艺术解读》，141 页，昆明，云南美术出版社，2010。

② 参见黄绍文：《穿戴神话——哈尼族服饰艺术解读》，143 页，昆明，云南美术出版社，2010。

元阳县哈尼族昂倮支系女子领褂前胸上的日月图案｜袁爱莉　摄

（三）哈尼族梯田文化地域特征的真实反映

梯田是哈尼族非常喜欢表现的主题，这与他们生活环境息息相关，哈尼族在适应自然与改造自然的过程中，创造了自己的文化，即梯田文化。哈尼族服饰图案中对梯田的表现形式非常多样，有三角纹、直条纹、方形纹等不同的造型。

哈尼族梯田是我国西南地区独特的地理环境、生态环境以及人文背景下产生的农业奇迹。哈尼族人民在哀劳山中创造了举世瞩目的梯田，哈尼族诸多的服饰图案就是在梯田文化的熏陶下发展起来的。他们无意识地受到梯田美的影响，并以此创造出了服饰中的梯田图案。然后通过写意的方法，把梯田抽象简化，最终形成服饰图案中常见的三角纹、直条纹、方形纹这些简洁的几何图案。梯田象征着哈尼族的精神气韵和悠久的民族文化，也是哈尼族世世代代勤恳劳作的精神体现。

三角纹、直条纹、方形纹等是抽象化了的梯田图案｜袁爱莉　摄

（四）哈尼族民族性格特征的外在体现

哈尼族生活在山区，交通不便造成与外界的交流较少，正是这样封闭的环境造就了哈尼族平淡、天真的民族性格特征。在这样的民族性格特征影响下，哈尼族服饰图案体现了自然、平淡的纯真之美，哈尼族服饰图案中大量使用简洁、概括的几何纹样正是这种性格的具体表现。

哈尼族服饰图案中大量的银泡缀饰是哈尼族服饰一个引人注目的特点。在黑色的底布上镶钉银泡花纹的图案，显得华丽而朴实。

哈尼族因居住地不同，其服饰的图案纹样不尽相同。服饰纹样的特征是识别哈尼族各支系的重要线索。人们通过对不同服饰款式及其纹样的分析，能够指出其属于哈尼族哪个支系。

哈尼族民族性格特征在服饰上体现为自然、平淡的纯真之美，图为元江县哈尼族糯美支系妇女服饰｜袁爱莉　摄

二、哈尼族服饰图案的形式美法则

哈尼族服饰图案在使用形式美法则时，很注重图案的和谐，不仅应用了比例、对比、对称的法则，还运用了均衡、节奏、韵律、联想等法则，在统一中求变化，在多样中求统一，力求在视觉上达到完美。哈尼族服饰图案更多地运用几何纹样，反复排列成条状，这些几何纹样装饰的服饰显得既简洁、概括，又灵活、生动，还变化有序。

（一）统一与变化相结合

在图案的传统装饰中，统一是相对的，变化是绝对的。变化中存在统一是指各种图案无论如何变化都会有其内在的、共有的一些联系。在装饰中，对比强烈的几个色块并列在一起，会感觉呆板、固化，所以进行适当的变化是很有必要的，即把大小、长短、明暗、虚实等多样化的图案进行有规律、有秩序的排列组合，使其在统一中具有装饰图案的变化性，在变化中又能找到秩序化的规律性。

哈尼族服饰装饰图案的色彩搭配极其丰富，右图中虽然构成元素是相同的，但是通过进行不同色彩的搭配，使其具有丰富的装饰美感，哈尼族装饰图案极具变化性和统一性，不仅重视外形美感，在色彩搭配中更加表现出其色彩搭配娴熟的手法。色彩运用中会有很多种色彩搭配，其中玫红色、黑色、白色、绿色、紫色、黄色运用较多。

统一与变化相结合法则在哈尼族服饰图案中运用广泛 | 袁爱莉　摄

（二）均衡与对称相结合

在装饰艺术中，均衡与平衡这一艺术效果运用相对较多，均衡与对称相结合使装饰元素更加具有灵动性。对称可分为轴对称和中心对称两种，一般装饰中轴对称运用相对较多。均衡主要指视觉上的平衡，色块的大小运用，图形的构成形式运用得当都会形成均衡的视觉感。哈尼族大部分装饰图案都是以对称为主的，也会采取均衡的手法进行处理，以求视觉上的平衡。

西双版纳傣族自治州哈尼族阿卡支系女子服饰图案刺绣精美、色彩和谐，体现了均衡与对称的结合｜袁爱莉　摄

（三）韵律与节奏相结合

在装饰图案的构图中，韵律与节奏相结合是指同一个图形中有一定的变化规律，元素在有规律的排列中产生的运动感。韵律和节奏的结合存在一定的秩序美感，在服饰装饰中运用十分广泛。哈尼族服饰传统元素通过面积的大小，色彩强与弱的对比，明暗对比，图形结构等有规律的组合，产生很强的韵律之美。在装饰元素中，节奏是图案或色彩按照一定规律充分变化所产生的一种律动的关系。

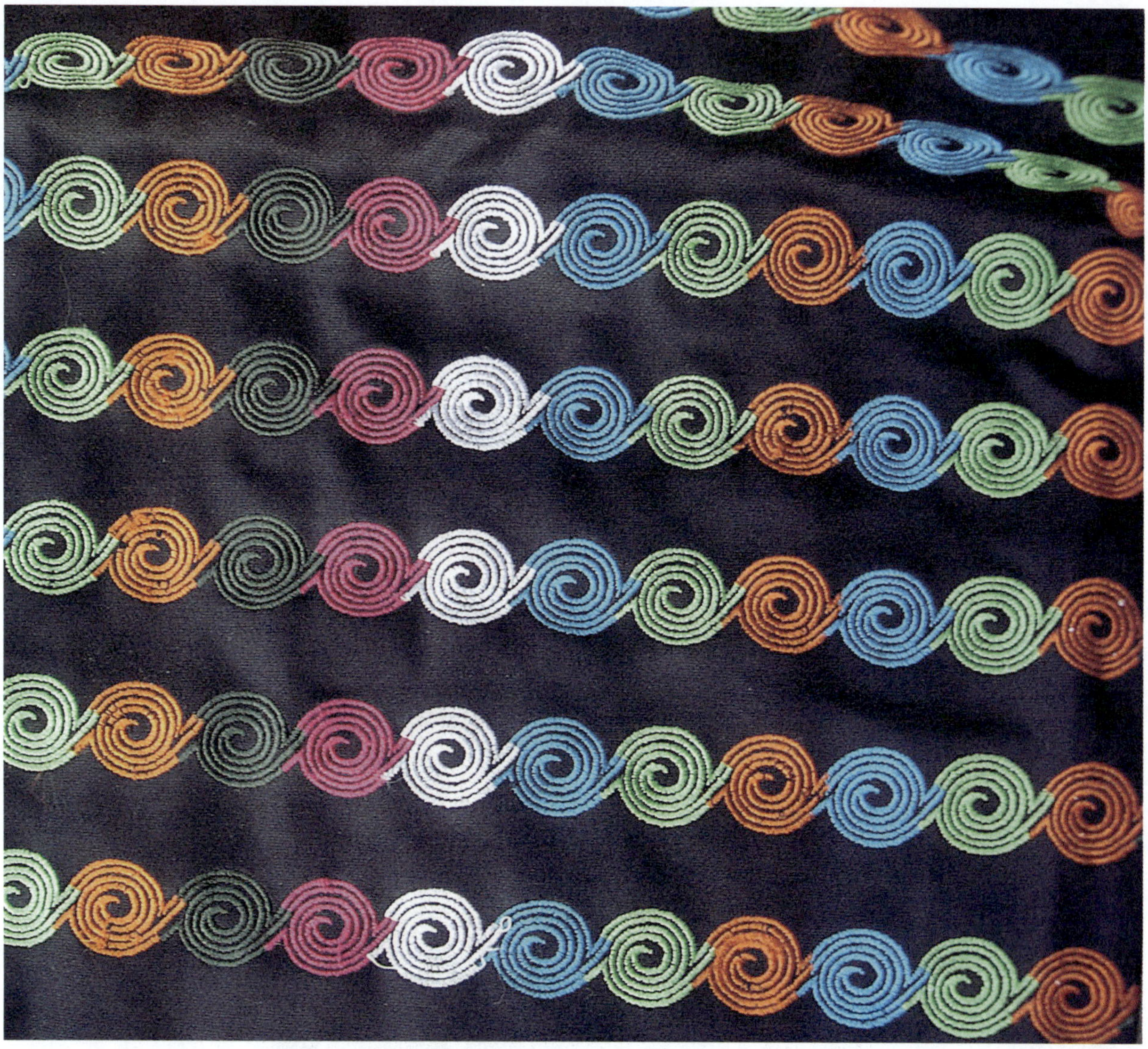

色彩的搭配体现出韵律与节奏相结合，产生了韵律之美｜袁爱莉　摄

三、哈尼族服饰图案的艺术特征

（一）哈尼族服饰图案的装饰性特征

哈尼族服饰图案是最具装饰性特征的。哈尼族十分重视外部形式的美感。把梯田最大限度地进行简化，用三角纹、直条纹、方形纹等简洁的几何图案来表现梯田的特征。虽然三角纹、直条纹、方形纹与现实中的梯田造型有一定的距离，但是这是对梯田外部形式美的刻意追求，因而也就使哈尼族服饰图案的装饰性特征尤为突出。

元阳县哈尼族女子袖口上的图案，运用了多种纹饰造型和装饰手法。纹饰造型上，采用了直条纹、三角纹、菱形纹等。装饰手法上，运用了刺绣、布贴、缀挂等工艺。图案中的直条纹和三角纹等代表的是简化后的梯田，特别是根据各式银泡的组合，构成的三角纹，配以连续的树形纹，使整幅图案在视觉上给人以不同的色彩和材质的变化，在变化中达到完美的装饰效果。

哈尼族服饰图案不仅达到了装饰化、程式化的美，即“形美”，还醒目地传达了哈尼族的性格，同时达到了“神美”。“离形得似”“遗貌取神”，这是中国古代美学思想，意思是“神似”要高于“形似”，写形要为传神服务，为了达到神似，可以突破形似。哈尼族服饰图案是已经被性格化了的，性格化要求表现出一种符合这个民族基本特征的内容，借助整个服饰图案的色彩、纹样的综合效果，再结合穿着者的气质，装饰性的服饰图案就能充分发挥其表现力，从而更加具有生命力。①

西双版纳傣族自治州哈尼族阿卡女子服饰图案的装饰性特征尤为突出 | 袁爱莉　摄

① 参见谭洋洋：《哈尼族服饰图案艺术研究》，45 页，昆明，昆明理工大学硕士学位论文，2007。

（二）哈尼族服饰图案的抽象性特征

哈尼族将日常生活中常见的事物通过抽象变形的方式记录在服饰中，体现出哈尼族的聪明才智和智慧，表达了对美和生活的热爱。抽象性特征的形成首先是受生活环境的影响。哈尼族是一个大山民族，吃、穿、住、行都离不开大山，由此形成的温和柔顺、热情豪爽和富于坚韧性的民族个性和返朴归真的纯真之美，人与自然的和谐之美的审美倾向就是用最简洁的语言来表达周围的环境和事物。曲线都被直线和斜线取代了，以直线和斜线为主的较抽象的几何轮廓几乎成了最简单的几何符号，既抽象又简练。直条纹、三角纹图形以最简洁的几何形式表现出梯田的形态。几乎所有哈尼族服饰图案都是以水平线、垂直线来表现具象物体的造型，三角形、方形、菱形、多边形都是由无数个阶梯和台阶连接而成的，经过这样变形、夸张的图形轮廓，具有很强的抽象意味，非常大方、简洁。

图案的这种抽象性表现了不可思议的魅力，特别是八角花纹、树形纹和犬齿纹等，可以说是最具备抽象形装饰风格的典型纹样，是哈尼族在长期织绣实践和图案造型创作中，对自然物美化和取舍的审美意识，是从自然形态到抽象形态直至艺术形态的形成和创作的过程与结果，具有较高的艺术水准。其作为哈尼族服饰图案中最具代表性的纹样造型，将以更加精练的形式生存和发展下去。[①]

元阳县哈尼族糯比支系男子服饰上的公鸡花纹样｜袁爱莉　摄

① 参见谭洋洋：《哈尼族服饰图案艺术研究》，47 页，昆明，昆明理工大学硕士学位论文，2007。

第八章　哈尼族服饰图案艺术欣赏

一、哈尼族服饰配饰中的图案欣赏

（一）头饰图案

西双版纳傣族自治州哈尼族阿卡支系男子帽饰喜欢用动物的羽毛、银制品、绒线球做装饰，一般只在节日期间戴｜袁爱莉　摄

西双版纳傣族自治州哈尼族阿卡支系少女的头饰，在整个帽子上整齐地嵌满大大小小的银泡，而在帽檐上则坠有银球、银币、彩色球串等，有的还在脑后，以薄铁皮为衬，折成板瓦状，覆盖于头上，并在其上嵌满各种银花、银币、彩珠等，十分美观｜袁爱莉　摄

（二）胸饰图案

哈尼女子喜欢在胸前佩戴银质胸饰，有银链子，也有银牌，图为红河县哈尼族弈车支系女子的银质胸饰，银链之间每隔一段缀饰数条银鱼、银币，最下方缀饰银须，腰饰上缀饰银螺蛳、银鱼、梅花牌、银链、缨穗、小银泡等｜袁爱莉　摄

（三）腰饰图案

西双版纳傣族自治州哈尼族阿卡支系女子腰带由贝壳、银币或塑料珠串做成，中间由一个大圆牌连接，这样由不同质地的装饰材料做成的图案，使腰带极富装饰作用｜娄世民　摄

元阳县哈尼族糯比支系腰饰图案的特点是色彩鲜艳，用大量银泡镶嵌，显得华丽大方｜黄绍文　供图

（四）挎包图案

红河县哈尼族白那支系男子挎包图案由布贴和包梗绣方法构成，用银坠饰和绒线球做流苏｜袁爱莉　摄

西双版纳傣族自治州哈尼族阿卡支系的传统挎包的正面用挑花法绣满了各种方形、菱形、回形、三角形、条形等几何图案，并在图案的四边镶钉银泡、芦谷米、海贝等，在包的下面用彩色珠子做成流苏丨袁爱莉　摄

（五）尾饰图案

绿春县哈尼族哈欧支系的尾饰，哈尼语称为“批朵”，批朵呈四方形布片，上宽 40 厘米，下宽 52 厘米，高 52 厘米，布片下端两角微微向上起翘，下摆为弧线。布片沿两侧及底边刺绣颜色鲜艳、纹样精美的花卉图案。佩戴时几乎遮盖整个臀部，佩戴方法为布片上端两角缝制黑色布条系于腰间，整块布自然下垂遮于臀部形成尾饰｜袁爱莉　摄

元江县哈尼族糯比支系的尾饰，哈尼语称为“比甲”，比甲底色多为黑色，箭头形腰带头用平绣、锁绣、挑绣、绕绣编线等工艺进行装饰。佩戴方法为将腰带在腰上缠绕两圈后，系扎露出箭头形腰带头垂于臀部，箭头形腰带头布片刺绣精美图案花纹。糯比支系女子走起路来，尾饰随着步伐摆动而摆动，别具风韵｜袁爱莉　摄

（六）护腿图案

西双版纳傣族自治州哈尼族阿卡支系女子护腿不仅有避免植物刮伤及蚊虫叮咬的作用，还有与整套衣服呼应点缀的作用｜袁爱莉　摄

部分地区的哈尼族女子喜欢用土布缝制护腿，护腿由各种颜色的布条拼接而成，在布条上绣有精美的图案，大多是几何图案和民俗图案，如折线纹、三角纹、菱形纹、回纹、云雷纹、犬齿纹等，有的还会在护腿上装饰上彩色塑料纽扣或塑料珠串、贝壳或芦谷米，不仅起到固定的作用，还起到装饰的作用 | 袁爱莉 摄

二、哈尼族服饰图案赏析

哈尼族服饰图案的组织形式、色彩运用、制作工艺等方面都能够为设计师提供借鉴和灵感，设计师在现代的设计中可以借鉴哈尼族服饰图案的各种元素。

通过收集和整理一系列哈尼族服饰图案，并按手工绘制图案和电脑绘制图案分别进行介绍，以便让人们进一步认识、欣赏和运用哈尼族服饰图案。

猫头鹰眼纹

（一）手工绘制图案纹样赏析

猫头鹰眼纹

莲花纹样

组合纹样

不规则几何纹样

万字纹

树木纹样

八角花纹样

花草纹样

云雷纹样

蕨纹组合纹样

树形纹样

云气纹样

单独纹样

花草对称纹样

公鸡花纹样

花草纹样

枪托纹样

三角纹样

（二）电脑绘制图案纹样欣赏

三角纹样一

三角纹样二

菱形纹样

云气纹

树木纹样

猫头鹰眼纹样一

猫头鹰眼纹样二

枪托纹样

犬齿纹样

回纹纹样一

回纹纹样二

回纹纹样三

回纹纹样四

太阳纹样

水车纹样一

水车纹样二

水车纹样三

水车纹样四

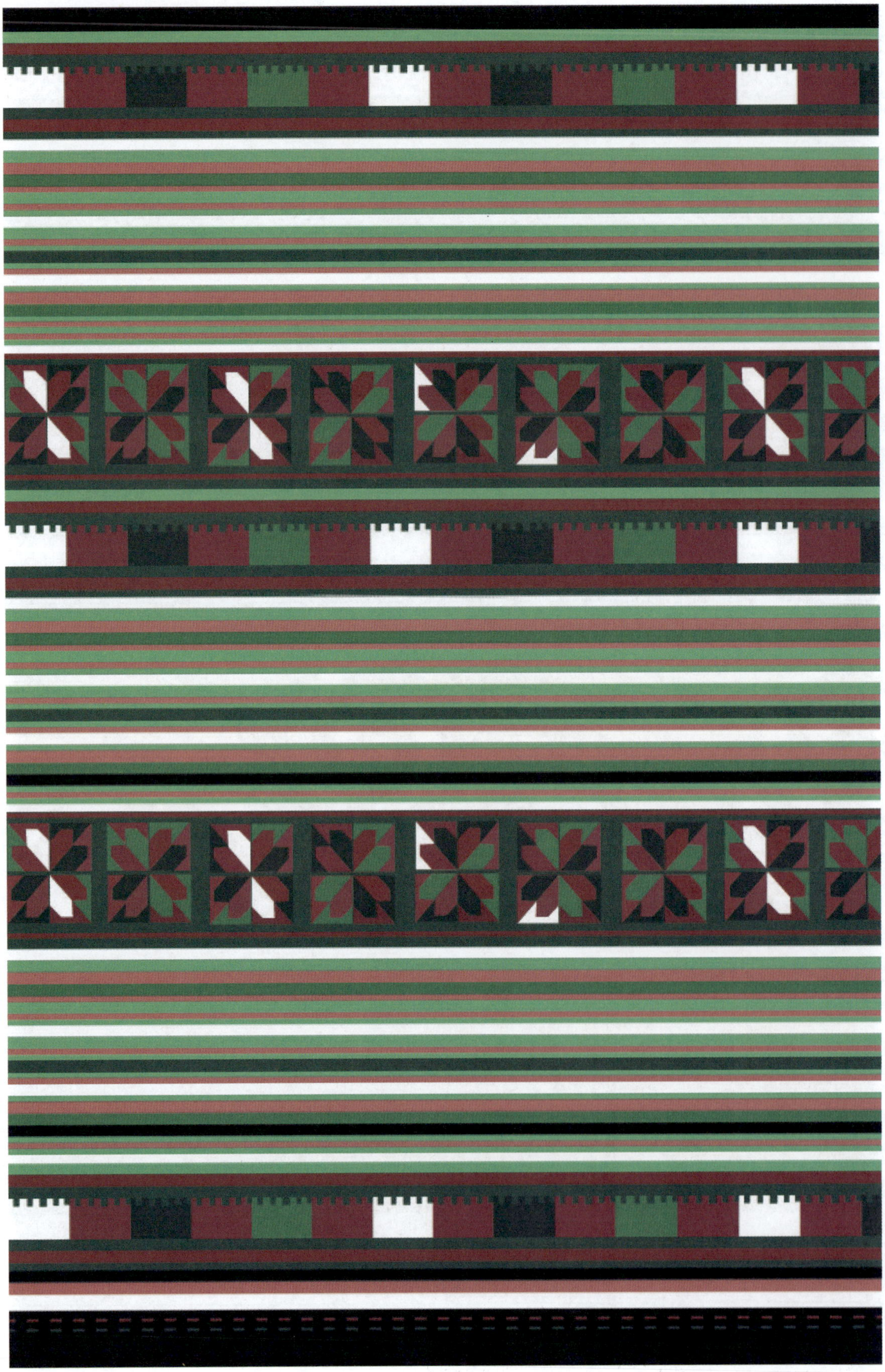

八角花纹样一

八角花纹样二

组合纹样一

组合纹样二

组合纹样三

组合纹样四

组合纹样五

主要参考文献

[1] 白永芳 . 哈尼族传统女性服饰及其符号象征 . 北京：中央民族大学硕士学位论文，2005.

[2] 白永芳 . 哈尼族服饰文化中的历史记忆——以云南省绿春县“窝拖布玛”为例 . 昆明：云南人民出版社，2013.

[3] 郭级主编，金平苗族瑶族傣族自治县哈尼学学会编 . 金平哈尼族民间故事 . 昆明：云南民族出版社，2003.

[4]《哈尼族简史》编写组，《哈尼族简史》修订本编写组编 . 哈尼族简史 . 北京：民族出版社，2008.

[5] 洪敏华 . 哈尼族传统服饰的图案造形分析与设计运用——以金平县马鹿塘村服饰为试点研究 . 民族艺术研究，2005（6）：69-76 页 .

[6] 黄绍文 . 穿戴神话——哈尼族服饰艺术解读 . 昆明：云南美术出版社，2010.

[7] 黄绍文主编 . 哈尼梯田民间传说故事集 . 昆明：云南人民出版社，2016.

[8] 李阳 . 哈尼族服饰纹样视觉语言研究 . 昆明：昆明理工大学硕士学位论文，2011.

[9] 卢朝贵 . 哈尼地域文化 . 芒市：德宏民族出版社，2011.

[10] 毛佑全 . 哈尼族奔车人的历史与文化 . 北京：中国文史出版社，2006.

[11] 谭洋洋 . 哈尼族服饰图案艺术研究 . 昆明：昆明理工大学硕士学位论文，2007.

[12] 西双版纳傣族自治州民族事务委员会编 . 哈尼族古歌 . 昆明：云南民族出版社，1992.

[13] 向鹏 . 哈尼族传统图形传承研究 . 昆明：云南艺术学院硕士学位论文，2013.

[14] 袁爱莉 . 哈尼族服饰艺术研究 . 昆明：云南人民出版社，2018.

[15] 袁爱莉 . 元阳梯田旅游民族服饰产品的保护与开发利用研究 . 昆明：云南人民出版社，2018.

[16] 云南省民间文学集成办公室编 . 哈尼族神话传说集成 . 北京：中国民间文艺出版社，1990.

后 记

本书编写最早的缘由，是我幼小时随着在瑶山支边任教的父母，与瑶族生活在一起，说瑶话，听瑶歌，看瑶族妇女一针一线绣出美丽的图案，看她们穿各种美丽的衣裳，缤纷服饰的色彩和装饰图案构成了我美好的童年记忆。长大后我成为一名美术工作者，背着画夹、带着相机，走遍了红河的山山水水、民族山寨，收集了丰富的彝族、哈尼族、瑶族的服饰影像资料，一边进行绘画创作，一边做哈尼族服饰文化艺术研究，奔忙于两个美的世界。两个美的世界既是独立的，也是相互滋养、相互交融的。探究哈尼族服饰色彩的象征意义，读懂服饰图案的密码，解读传统图案背后的故事，思考民族服饰文化资源的传承和利用是我写本书的目的和初衷。

2018 年，我完成《哈尼族服饰艺术研究》《元阳梯田旅游民族服饰产品的保护与开发利用研究》两本书后，就萌生了进一步深入研究哈尼族服饰图案和服饰制作工艺的想法，同年在申请到云南省文学艺术界联合会的研究项目后，就着手撰写此书。

本书撰写过程中，我多次深入哈尼山寨，品尝他们的饭菜，感受他们的生活，欢度他们的传统节日，由此感悟民族文化氛围、汲取艺术养分、触发写作灵感。尤其是每逢哈尼族重要节日期间，我都会赶赴绿春、元阳、红河、元江、普洱等地收集资料，据此在深入阅读文献资料的基础之上，不断地调整框架结构、充实文字内容、增补相关图片，历时两年几易文稿，最终得以完成本书。

在本书即将出版之际，我诚心感谢杨六金教授在我写作本书的过程中给予的支持和鼓励。特别感谢黄绍文教授提供的文字、影像资料，并在学术上给予指导。感谢卢鹏、洪波两位教授给予的写作指导和帮助。感谢娄世民老师为本书拍摄影像、收集图片资料。感谢何作庆教授、李龙沙老师提供的珍贵图片。感谢家人对我所从事的研究工作的理解、鼓励与支持。最后，特别感谢云南省文学艺术联合会、红河学院科技处对本书出版的资金资助和大力支持，感谢民族出版社所有编辑认真、严谨、辛苦的工作，使得本书得以顺利出版。

袁爱莉

2020 年 10 月

图书在版编目（CIP）数据

哈尼族传统服饰图案艺术及制作方法解读 / 袁爱莉著 . -- 北京 : 民族出版社 , 2024. 11. -- ISBN 978-7-105-17437-9

I. TS941.742.854

中国国家版本馆 CIP 数据核字第 2024A1J063 号

哈尼族传统服饰图案艺术及制作方法解读

著　　者　袁爱莉
策划编辑　张宏宏
责任编辑　张宏宏　向　征
封面设计　金　晔
出版发行　民族出版社
社　　址　北京市和平里北街 14 号
邮　　编　100013
网　　址　http://www.mzpub.com
印　　刷　北京盛通印刷股份有限公司
经　　销　各地新华书店
版　　次　2024 年 11 月第 1 版　2024 年 11 月北京第 1 次印刷
开　　本　889 毫米 ×1194 毫米　1/16
字　　数　300 千字
印　　张　11.25
定　　价　160.00 元
书　　号　ISBN 978-7-105-17437-9 / T・85（汉 37）

该书若有印装质量问题，请与本社发行部联系退换。
编辑室电话：010-64228001　发行部电话：010-64224782